法商管理解析

——颠覆经典管理的思考

Legality-Business Management Interpretation
—Reflections of Subverting the Classic Management

孙选中　著

经济管理出版社
ECONOMY & MANAGEMENT PUBLISHING HOUSE

图书在版编目（CIP）数据

法商管理解析：颠覆经典管理的思考/孙选中著 . —北京：经济管理出版社，2018. 12

ISBN 978-7-5096-6135-2

Ⅰ.①法… Ⅱ.①孙… Ⅲ.①管理学 Ⅳ.①C93

中国版本图书馆 CIP 数据核字（2018）第 258057 号

组稿编辑：郭丽娟

责任编辑：刘　宏

责任印制：高　娅

责任校对：赵天宇

出版发行：经济管理出版社
　　　　　（北京市海淀区北蜂窝 8 号中雅大厦 A 座 11 层　100038）

网　　　址：www. E-mp. com. cn

电　　　话：(010) 51915602

印　　　刷：北京玺诚印务有限公司

经　　　销：新华书店

开　　　本：787mm×1092mm/16

印　　　张：13. 75

字　　　数：209 千字

版　　　次：2019 年 1 月第 1 版　　2019 年 1 月第 1 次印刷

书　　　号：ISBN 978-7-5096-6135-2

定　　　价：69. 00 元

前言
Preface

当你看到这本书时，可能会问：为什么确定本书的书名为《法商管理解析——颠覆经典管理的思考》？我想还是有必要在"前言"中略述一二。

本书的核心关键词是"法商管理"，尽管对此概念仁者见仁、智者见智，但是对我来说，作为最早思考和探索"法商思想"及"法商管理学科"的主要开拓者，我应该从理论及实践上对此概念的内涵进行溯源和界定，以供对此问题或领域有兴趣和有见地的探索者进一步研究参考。

回顾我对法商思想的初步思考，那还是在1994年前后。当时中国政法大学需要创办非法学类的新专业——工商管理专业，我与几位老师以人才引入方式来到了我国法学的最高学府之一——中国政法大学。如何在法学家和法学理论"全覆盖"的大学建立非法学类的工商管理专业？当时学校安排我负责进行管理学科人才培养和专业建设的工作，我们认真研究北京大学、清华大学、中国人民大学等高校的管理学科培养体系并直接去这些大学拜访学习，通过学习研究可以明显地看到这些高校在工商管理学科建设中都具有自己的独特优势：北大的管理理论及管理思想研究等；清华的技术创新、工程项目及管理方法等；中国人民大学的资源管理，比如财务会计、金融保险等。通过对工商管理人才培养市场的细分，结合中国改革开放正迎来建立社会主义市场经济对管理人才新的需求，我们逐步形成了应该进行差异化学科定位的"灵感"——

基于社会主义市场经济对各类管理人才的需求，依托中国政法大学独特的法学学科优势，我们可以把中国政法大学的工商管理定位于"法商复合型"管理人才的培养方向。

当时中国的改革开放已经确定了要建立社会主义市场经济，谈及市场经济大家都有一个共识："市场经济就是法治经济"。但在我看来，市场经济的内在机制是亚当·斯密揭示的"看不见的手"，深入思考可以发现这只"无形的手"说到底就是大家共同遵守的"规则"，所以我认为更确切地说："市场经济就是规则经济"。因此，我当时认为法商复合型管理人才就是既能够进行资源管理又能够运用好相关规则的特殊类型的管理者，用今天通俗的话来说就是"既玩资源又玩规则"，这是我国市场经济发展必然需要的法商结合的高级管理人才！但是其他高校并没有明确地提出对这类人才的培养，而中国政法大学正好具备这样的优势和能力。于是，我们非常肯定地确立了中国政法大学的工商管理应该培养"法商复合型"管理人才的学科定位。由此，我一方面总在思考"法商复合型管理"的理论内涵、学科特质、培养体系等问题；另一方面也不断用独特的法商思维和分析工具透视企业发展中出现的各种新问题并探索解决问题的新方法。

随着我国市场经济的不断发展和相关制度的逐步建立，我们的很多企业管理者一方面展露出其"整合资源"的超群创新能力，另一方面也往往在所谓创新过程中因"驾驭规则"能力的薄弱或缺失导致其频现危机甚至出现身陷囹圄的严重后果。这种状况不断蔓延，以至于在社会上流传着："早期成功的很多企业家已经进去了，更多人正在进去的路上！"导致这种结果的根本原因是什么？我认为：除了营商环境存在一定的不确定因素外，关键是我们很多经营者的管理思维和商业模式还停留在"效率至上"的经典管理中，因此，要克服和跨越经典管理的局限性或其潜存的经营陷阱，就必须从理论上颠覆片面追求"效率至上"的经典管理思想，这也是本书副标题的主旨："颠覆经典管理的思考"。

本书以"法商管理解析"为主题就是力图既从管理的思维源头和理论体系方面深刻挖掘法商管理的本质内涵及逻辑机理，也从法商管理视角对企业经营的实践过程和经营模式进行透视剖析。基于此，全书分为"理论解析""实践解析"和"相关解析"三个部分：

"理论解析"——这部分是由几篇我在不同时期发表或演讲的代表性论文组成，这些论文的核心就是着重从管理问题、理论体系、经营理念、战略架构等方面对法商管理进行学术探索和理论剖析，其中最关键的是对"法商管理"内涵的界定。虽然从开拓这个领域开始我就不断尝试对"法商管理"的理论阐释和概念定义，但是因为试图从关于管理本质问题的认识和形成新的管理范式方面能够深入浅出地超越经典管理并凝练符合现实需要的解释力，所以我一次次对这个概念进行界定和表述，又一次次地对此进行修正和完善，现在逐步形成了我认为相对准确的界定："法商管理就是指基于效率与公平均衡的价值观和方法论进行有效的主体权益安排，以实现组织健康持续增长的目标。"如果用此定义对比经典管理中关于"管理"的定义，可以明显地看到"法商管理"对管理的本质问题具有更深刻和全面的解释力。当然为了给读者呈现自己在这个问题上的思考演变，我也保留了自己在不同时期关于法商管理的理解和认识。

此外，这部分在理论观念和分析方法上的重要突破还有："权益为本"的法商管理；"赢三角"的战略架构；"法商价值"综合体系；"效率与公平均衡"的法商思维；"法商管理时代"的核心问题；"用规则创造价值"的独特理念；企业持续发展的"三种境界"；等等。我相信这些具有开创性的探索思考将会在我国管理升级变革和文明社会发展中逐步成为理论引导并产生应用价值。

"实践解析"——我认为一种新思想或新理论不仅应该具有认识逻辑上的解释力，还应该具有现实过程中的实践力。因此，在这部分主要通过法商思维和分析方法对近年来发生在我们面前的一些典型案例或创新实践进行独到的分析，主要包括："宝万股权之争"；"网约车的改革困境"；"中兴通讯巨额受罚"；"融创万达乐视的奇异并购"；"重塑直销行业社会形象"；"法商管理MBA"；"拍卖企业的品牌法则"；等等。一方面"以小见大"地引导人们从新的视角思考全面深化改革和依法治国对自己的事业或日常工作的挑战；另一方面"从点到面"地检验法商管理思想对现实变化和企业实践的解释力。如果读者有兴趣细心阅读相关的文章内容,我相信应该能够感受到"开卷有益"的收获。

"相关解析"——这一部分实际上是对前面两个部分的进一步补充,既从理论上延续法商管理的思想性思考,也从实践上尝试"接地气"的具体行动,主要包括的内容有:我们如何点亮法商管理的"明灯";法商智慧引领企业国际化;"法商架构师"的兴起;"规则中博弈、创新中发展";避免企业经营的"愚蠢错误";"规则风险"是最大风险;"创业失败"的主要致因;等等。这些内容既涉及法商管理来龙去脉的纵向梳理,也呈现了法商管理环视现实的横向概览,当然这些思考也构成了法商管理体系建设的必备养料。

本书的编辑出版汇集了自己20多年来关于法商管理的某些思考,但也受益于国内外管理思想家和众多企业家探索实践的启迪,在此感谢他们给予我思考的无形支持!也要感谢与我携手踏上法商管理探索之路的伙伴和朋友!还要感谢经济管理出版社及郭丽娟主任的鼎力支持!当然应该特别感谢我的家人以及法商管理的很多"忠实粉丝",你们的理解和支持是我坚持走下去的强大支撑!

总之,在今天我们从野蛮生长转变为文明发展的新时代背景下,特别需要新的思考、新的管理、新的发展,出版本书的初衷也就是希望能够帮助人们在新的发展时期用法商管理解析超越经典管理教义,洞悉所面临的挑战和变化,在理论及实践上重塑管理理念和再创管理辉煌!

孙选中

2018 年 10 月 28 日

目 录

Contends

第二部分　实践解析　　　Practice Analysis

第三部分　相关解析　　　　Other Analysis

第一部分　理论解析

Theory Analysis

经典管理、法商管理及其战略架构

孙选中

摘要：在新时代背景下企业如何实现变革升级，需要基于理论发展逻辑和企业实践进程对"经典管理""法商管理"及其"战略架构"进行深入分析。这是从新的视角探讨经典管理的核心思想及其"盈三角"战略架构；通过法商管理与经典管理的对比分析，能够揭示法商管理更具解释力和进步性的核心思想，界定"权益为本""效率与公平均衡""资源+规则""法商价值"等法商管理新范畴；建构具有理论创新价值和现实指导意义的"赢三角"战略架构。进一步从多视角深入研究可以认识到法商管理思想及其战略架构将推动和引领新的管理革命：从"盈"到"赢"，并领悟法商管理对新经济时代和新社会文明发展的深刻变革作用。

关键词：经典管理；法商管理；战略架构

近百年来逐步发展的以追求"效率"为核心的管理思想和理论体系，使企业创建者和管理者形成了以"盈"为目标的战略架构，很多企业受此指导创造了巨大财富或领悟到创富之道。如今，人们似乎对企业扩张性的财富积累和资源开发已经产生担心

> 以追求"效率"为核心的管理思想和理论体系，使企业创建者和管理者形成了以"盈"为目标的战略架构。

或疑虑，特别是企业经营决策者日益感到过去追求"效率最大化"的经营战略正面临越来越多的风险，甚至有些企业决策者曾娴熟运用的管理理念和实施的经营战略，不仅没有使他们走向成功，反而使他们误入歧途或导致失败！这样的经营窘境促使人们反思：现有管理学思想和核心理念存在什么问题？能否有新的管理思想拨云见日重建战略架构来指导企业健康持续发展？

> 追求"效率最大化"的经营战略正面临越来越多的风险。

一、"战略架构"的理论界定

关于企业战略问题，一般理解就是对企业发展方向和经营范围进行战略性选择的问题，它涉及企业的宗旨、使命、业务、目标、任务、绩效等战略要素的确立和发展规划。然而，怎么把这些战略要素简洁并合理地进行安排？事实上，不论个人或组织所表现出的复杂行为自觉不自觉地都受其深层的简单原则或行动框架引导，而在复杂的企业战略选择中决策者也将受到思维中隐含的"战略架构"指引，这就如同纲举目张中的"纲"所起到的引领作用一样。我们在此探讨的企业战略决策中类似于"纲"的"战略架构"，一些权威学者都有过自己的理解：彼得·德鲁克（Peter F. Drucker）曾把决定企业关键性活动的指导纲领界定为"明确、简单、深刻的企业理论"[①]；杰克·特劳特（Jack Trout）则将战略的核心指南界定为"一个简单、焦点明确的价值定位"[②]；迈克尔·波特（Michael E. Porter）认为企业战略的核心在于竞争战略，他一直致力于用结构分析方法研究"在一个产业中，参加竞争的每一个公司都存在的显式或隐式的竞争战略"[③]

---

① 彼得·德鲁克：《管理：使命、责任、实务》（使命篇），王永贵译，机械工业出版社 2006 年版，第 77 页。
② 杰克·特劳特：《什么是战略》，火华强译，中国财政经济出版社 2004 年版，第 14 页。
③ 迈克尔·波特：《竞争战略》，陈小悦译，华夏出版社 1997 年版，"绪论"，第 1 页。

并凝练成"五力模型""竞争战略轮盘""价值链"等分析技巧的综合框架。

当然，还有很多不同的研究者或企业管理者对此也有不同的理解和表述，他们虽然没有用"战略架构"一词来表述，但都力图提炼出复杂战略过程的内在逻辑框架或简单原则。迈克尔·A. 希特（Michael A. Hitt）等著的《战略管理》一书中勾勒了战略管理过程的内在逻辑框架：战略输入（愿景、使命）、战略行动（战略规划、战略实施）、战略输出（战略竞争力、超额利润），并且用逻辑框图对战略过程进行了简单架构的图示①。

哈佛商学院的两位著名教授，一位是全球竞争和公司战略专家大卫·J. 科利斯（David J. Collis），另一位是公司资源理论的先驱之一辛西娅·A. 蒙哥马利（Cynthia A. Montgomery），两人在合作撰写的《公司战略：企业的资源与范围》一书中指出：公司战略的核心是一种框架，可以将其凝练成"公司战略三角形"，这个三角形的三条边分别是：底边——"结构、体制与过程"；左斜边——"资源"；右斜边——"业务"。三角形的中心是公司致力于实现远景的合理目标。他们认为，虽然不同的公司有不同的具体战略，但都是借助这个通用的战略框架进行决策，这个简洁的三角形战略框架创造了公司优势，并产生了经济价值。②

从以上不同研究者的战略理念分析或战略逻辑框架的表述可以发现，的确存在着对一般战略过程和战略决策具有指导作用的某种简洁实用的核心结构，只是如今在理论上对此还没有形成统一的称谓或名称。基于这些不同认识的共性和特点，我们可以将

---

① 迈克尔·A. 希特，R. 杜安·爱尔兰，罗伯特·E. 霍斯基森：《战略管理》，刘刚等译，中国人民大学出版社 2012 年版，第 5 页。

② 大卫·J. 科利斯，辛西娅·A. 蒙哥马利：《公司战略：企业的资源与范围》，王永贵等译，东北财经大学出版社 2000 年版，第 8 页。

所谓"战略架构"，是指企业创建者和管理者基于一定的管理理念和经营实践所建构起的战略思维框架，它界定了企业战略管理的核心要素和系统关系。

其适当地统一界定为"战略架构"。所谓"战略架构"，是指企业创建者和管理者基于一定的管理理念和经营实践所建构起的战略思维框架，它界定了企业战略管理的核心要素和系统关系。如果参考迈克尔·波特对战略的理解："战略就是创造各企业活动的整合。战略是否成功，有赖于把许多事情做好，并让这些事之间有良好的整合。"① 那么，可以说战略架构就是总结和提炼出的这种"良好整合"的内在关系结构，并将其固化到企业决策者的战略思维中，对企业的战略发展具有类似参考坐标系的指引作用。所有企业创建者和管理者在决策思维中都将受到特定的管理理念及其核心要义的影响，并通过不断的经营实践自觉不自觉地形成自己思维决策中特定的战略架构，如同在他们的心智中置入了类似"芯片"的处理器，将指导这些决策者对复杂的战略活动迅速做出判断和处理。

需要说明的是，企业的"战略架构"与"经营模式"既有联系也有区别：战略架构是由战略发展的核心要素构成的思维框架，而经营模式是由涉及企业经营发展的诸多因素构成的具体运营系统；战略架构主要是决策层进行战略选择的决策指引，而经营模式是在企业各层级实际管理过程中的运营机制和行为方式。基于理论上对这两者的区别界定，一方面可以说明为什么很多企业创建者或管理者能够对一些战略决策问题迅速做出判断，这是因为他们在思维决策中已经形成了自己的"战略架构"，所以能够直接把握住战略的核心要素，从而把复杂的战略问题简单化；另一方面任何经营模式都是基于核心的战略架构形成的运行系统，也就是企业创建者和管理者通过战略架构进行企业具体运营系统的经营模式建构。因此，要变革企业的经营模式，首先就要改变管理者思维决策的战略架构；要提高管理者的决策能力，就必须提升管理者思维决策的战略架构。

要变革企业的经营模式，首先就要改变管理者思维决策的战略架构；要提高管理者的决策能力，就必须提升管理者思维决策的战略架构。

① 迈克尔·波特：《竞争论》，高登第等译，中信出版社2003年版，第58页。

由于不同时期的经营环境和管理理念既相对稳定也不断变化，因此，与之相适应的战略架构也将随之呈现相应的转换或创新。如今，我们正面临社会文明和经济形态的根本转变，适应新时代发展的创新管理思想——法商管理——应运而生。可以相信：企业决策者们曾经熟悉的"经典管理"将转向"法商管理"，相应地也将使基于经典管理的战略架构转向基于法商管理的战略架构。

企业决策者们曾经熟悉的"经典管理"将转向"法商管理"。

二、"经典管理"内涵及其战略架构

如今绝大多数企业的战略决策者的思维架构还是基于经典管理的理念，这样的管理思想有哪些核心内涵？基于此凝练出的是一种什么样的"战略架构"？

（一）"经典管理"的核心内涵

现在关于"管理"的定义有很多，这些定义从多种角度或多个层面对"管理"概念进行了解析，但是这些定义的本质内涵都与经典管理的定义基本一致。这里所说的"经典管理"内涵，主要是指现有管理学中被广泛认同的最具代表性的关于"管理"定义的核心内涵。

从科学管理的角度理解"经典管理"的内涵，在学术界里形成的共识是对"管理"的科学分析源于弗雷德里克·温·泰勒（Frederick W. Taylor）的《科学管理原理》。众所周知，泰勒是通过研究工人工作的标准化劳动或有效完成工作任务以及与之相关的激励制度，以追求和实现最大限度地提高生产率为目的而对"管理"进行的定义。在泰勒看来，管理的任务就是为雇员寻找最适合的工作，帮助他们成为头等工人并设法激励他们发挥其最大的力量。由此，泰勒曾对"管理"进行了这样简单明确的界定："确切了解你希望工人干些什么，然后设法使他们用最好、最节省的方法完成它。"① 通过泰勒的研究和实践，可以说管理的内涵一开始就注入了追求"效率""效果"的核心要素。正如管理思想史研究专家丹尼尔·A. 雷恩（Daniel A. Wren）所评价的："泰勒对一个以寻求效率和系统化为特点的管理时代的出现起了主要的推动作用。"②

通过泰勒的研究和实践，可以说管理的内涵一开始就注入了追求"效率""效果"的核心要素。

基于泰勒对科学管理开创性的研究和实践，管理学的学科也在 20 世纪逐步发展和完善起来。哈罗德·孔茨（Harold Koontz）、海因茨·韦里克（Heinz Weihrich）在《管理学》这部经典著作中对"管理"进行了被普遍认为是很权威的定义："管理就是设计和保持一种良好环境，使人在群体里高效率地完成既定目标。"③ 在对该定义进行阐释时，他们还特别指出：管理适用于任何一个组织和各级组织的主管人员，他们的目标都是一样的，就是要创造盈余；管理关系到生产率，主要是指效率和效益。在孔茨和韦里克的定义里不仅强调了效率和效益，他们还更明确地指出：管理就是要创造"盈余"。对企业的经营管理来说，盈余主要指的就是扣除经营过程的各种成本后的盈利。著名管理学专家斯蒂芬·P. 罗宾斯（Stephen P. Robbins）也表达了类似的观点："管理就是指同别人一起，或通过别人使活动完成得更有效的过程。"他也特别强调指出：管理就是要追求效率和效果。④ 效率就是使资源利用率最高或使资源成本最小化；效果就是追求实现目标的高成就或效益最大化。

"管理就是设计和保持一种良好环境，使人在群体里高效率地完成既定目标。"

通过以上追溯管理思想发展过程中这几个最具代表性和权威性的关于"管理"的定义，可以梳理出经典管理中关于"管理"

① 丹尼尔·A. 雷恩：《管理思想的演变》，赵睿等译，中国社会科学出版社 2000 年版，第 149 页。
② 丹尼尔·A. 雷恩：《管理思想的演变》，赵睿等译，中国社会科学出版社 2000 年版，第 137 页。
③ 哈罗德·孔茨，海因茨·韦里克：《管理学》，郝国华等译，经济科学出版社 1993 年版，第 2 页。
④ 斯蒂芬·P. 罗宾斯：《管理学》（第四版），黄卫伟等译，中国人民大学出版社 1997 年版，第 6 页。

的核心内涵和理念：其一，管理就是为了高效率地完成工作任务；其二，管理目标是要追求收益最大化或效果的高成就；其三，管理价值体现为获得的盈利。可以说，这几点已经成为今天人们对"管理"核心内涵的基本认识并深深地植入管理者的决策思维之中，由此形成了基于这些经典管理内涵并整合企业经营活动的"盈三角"战略架构。

（二）经典管理"盈三角"战略架构

如今，企业创建者和管理者甚至对企业有初步了解的一般人员几乎都能够简明扼要或不假思索地说明管理的核心要义：管理就是高效率、最大化地获得盈利。甚至还可以用最通俗和最简洁的表述："做企业就是为了赚钱！"这些关于企业管理要义的直白的表述说明，在企业经营者甚至一般人的思维中已经自觉不自觉地形成了关于企业经营的简单印象，实际上这就是可以从理论上提炼出的基于经典管理思想的"战略架构"。在这里，我们参照前面介绍的大卫·J. 科利斯和辛西娅·A. 蒙哥马利绘制的"公司战略三角形"，可以把基于经典管理核心内涵的战略架构用图1的"盈三角"加以表示：

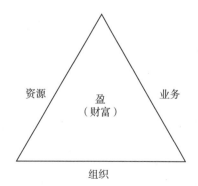

图1　经典管理"盈三角"战略架构

通过提炼经典管理思想的核心要义，能够把企业复杂的经营管理过程凝练成"盈三角"的战略架构。

从图 1 中可以看出，通过提炼经典管理思想的核心要义，能够把企业复杂的经营管理过程凝练成"盈三角"的战略架构，用以指导企业经营的战略决策。以下仅对图 1 "盈三角"中基本要素的含义进行说明（更深刻的理论意义在接下来与法商管理"战略架构"的核心要素进行对比分析时再具体加以说明）：

（1）三角形的中心是以"财富"为核心的"盈"。这是表明基于经典管理思想，企业管理的核心目标就是最大化地实现财富的增值或盈利，通常以企业财务账目上的盈亏数据来体现，正如人们所说："做企业就是为了赚钱。"实际上，在现实的企业经营过程中，绝大多数的创建者和决策者都是围绕最大限度地"盈利"而进行企业发展的战略布局，在企业初创或迅速发展时期更是如此。

（2）三角形底边的"组织"。这是表明企业的一切经营活动都必须基于特定的组织来承载和实施，可以说企业组织是一切经营活动的基础，所以我们将其置于三角形的底端。当企业确立了获取财富盈利的战略方向后就需要建立组织来具体落地执行。在大卫·J. 科利斯和辛西娅·A. 蒙哥马利绘制的"公司战略三角形"中，其底端表示的是"结构、体制与过程"，实际上这些内容都是建构组织的要素，它们都被包含于简单概括的"组织"之中。

当建构了特定的企业组织，"用什么资源"和"做什么业务"就成为了重要的战略选择，由此也就架构起了战略三角形缺一不可的两条斜边——"资源"和"业务"。

（3）企业要实现盈利目标必须拥有或整合特定的战略资源。公司资源理论的先驱之一大卫·J. 科利斯和辛西娅·A. 蒙哥马利认为企业经营主要依赖于三类资源：有形资源、无形资源和组织能力资源；其中"组织能力包括一组反映效率和效果的能力——更快、更敏捷、质量更高，等等——这些能力可以体现在公司的任何活动中，从产品开发到营销再到生产，无处不在"①。可以看到，他们分析这些资源的价值都是围绕是否能够实现"盈利"来考虑和选择的，这种认识最能代表经典管理关于战略资源的观点。

（4）在以上战略架构三角形中，右侧"业务"这条斜边指的是企业经营中的产业及其在每个产业中具体经营的能够带来财富增长的竞争性产品。这是强调企业在进行市场竞争战略布局或选择时，必须慎重决策直接影响其创造经济价值和财富盈利的"业务"。在现有的企业战略架构中，由于受制于经典管理思想的影响，通常企业决策者在选择战略业务或产品时，重点考虑的就是其"获利性"的多少。

总之，现在的企业创建者和决策者几乎都受制于经典管理核心理念的影响，因此其经营模式和战略发展都遵循着"盈三角"战略架构的经营逻辑：企业基于盈利的目的建构起经营组织，通过整合资源和选择业务最大化地实现企业盈利及财富增值。如果我们对经典管理的核心思想和战略架构用更加直白和简洁的特征来描述，可以说，它们都贯穿着与高效率、高盈利等一致的"功利主义"逻辑。由于经典管理思想特别是其核心理念的普及，人们也许不能够具体描述出其战略思维中隐含的这个框架，但在管理实践中都已经自觉不自觉地接受了"盈三角"战略架构的指导。

> "盈三角"战略架构的经营逻辑：企业基于盈利的目的建构起经营组织，通过整合资源和选择业务最大化地实现企业盈利及财富增值。

三、"法商管理"理论逻辑及创新

经典管理的核心理念和"盈三角"战略架构从 20 世纪早期以来一直是指导企业管理的主流"范式"。如今，随着社会发展

---

① 大卫·J. 科利斯，辛西娅·A. 蒙哥马利：《公司战略：企业的资源与范围》，王永贵等译，东北财经大学出版社 2000 年版，第 33 页。

所暴露出的经典管理理念和经营模式的种种不适应和局限性，促使我们从理论逻辑的基本前提和管理本质上对企业管理的核心问题及企业经营的战略架构进行深刻的剖析，由此可以逐步探索和建构能够超越或替代经典管理的"法商管理"新体系。

（一）"法商管理"的理论逻辑

人类认识的演化进程和科学研究表明，任何理论假设和学科体系都将随着时代变迁及人们认识不断深化而改变。托马斯·库恩（Thomas S. kuhn）在著名的经典著作《科学革命的结构》中把新旧理论的认识变换过程界定为"范式转换"，所谓范式主要是指主流理论的核心概念、范畴、理念及分析方法等。库恩通过条分缕析地解剖科学领域的不同范式的革命性变化揭示出的范式转换逻辑，为我们研究管理学的核心理念及其战略架构的演变提供了很好的分析工具。①

自从泰勒的科学管理原理揭示了管理过程是改变和提高劳动者工作效率的一系列工作安排或科学方法以来，后续的管理思想和各种管理流派都是围绕如何实现"高效率"工作而从不同角度进行了管理科学、行为科学、心理学以及社会学、文化学等研究。这些研究运用不同学科的方法补充和完善了如何使企业管理最大限度地创造财富，但是其核心理念和战略架构仍然未能突破经典管理学所形成的"管理范式"。

在管理学领域里，最早发现和明确提出"管理范式"正在发生转变的应该是彼得·德鲁克，他在《21 世纪的管理挑战》的第一章中就专门论述了"管理的新范式"。德鲁克认为："管理学这样的社会科学，关注的是人和社会机构的行为。……它始终处于

---

① 关于经典管理"范式"与法商管理"范式"的比较研究及其转换，我曾在一次学术演讲中以《法商管理的"范式"变革》为题做过初步的探索，对此课题也将进一步加以研究。此文只是借助库恩的"范式转换"思想对经典管理和法商管理的核心理念转换进行比较分析。

不断变化中，这意味着昨天还站得住脚的假设，今天就不再有效，甚至瞬间就变成完全错误的理论。"① 在这里，德鲁克率先把经典管理仅仅关注如何提高劳动者工作效率的管理问题，直接拓展到要关注和研究"人与社会机构的行为"。接下来，德鲁克通过梳理人们普遍认同的管理学的主要理念或结论，对经典管理范式的诸多假设都提出了质疑并逐一进行了剖析。其中，德鲁克最具本质性的发现和最具革命性的突破是他提出："20 世纪，企业最具有价值的资产是生产设备。21 世纪，组织（包括企业和非营利性组织）最有价值的资产将是知识工作者及其生产率。"②

德鲁克率先把经典管理仅仅关注如何提高劳动者工作效率的管理问题，直接拓展到要关注和研究"人与社会机构的行为"。

众所周知，管理的基本作用是使参与工作的劳动者有生产率。但是如果把德鲁克的观点与经典管理学的核心理念进行比较，我们可以发现：泰勒开创的科学管理以及后来形成的经典管理思想都主要集中在如何使"体力劳动者"有生产率；而德鲁克的观点透视出知识资源和知识工作者已逐步成为企业的核心资源，因此，管理工作在管理对象的基本关系上已经面临如何使知识工作者有生产率的挑战。进一步分析可以看到，通过管理的作用改变体力劳动者生产率与改变知识工作者生产率的决定因素是有所区别的。尽管存在多种因素能够决定知识工作者的生产率，但是在德鲁克看来，最重要的因素是"知识工作者必须自我管理，他们必须有自主权；……组织应把知识工作者看作'资产'，而不是'成本'，并给予相应的待遇。"③ 也就是说，知识工作者的生产率不仅需要待遇，而且还需要有自主权。因此，力图通过管理提高或改进知识工作者的生产率与提高或改进体力劳动者的生产率，在管理关系和有效机制等方面存在根本差异。事实上，德鲁克所揭示的如何保证和提高知识工作者的生产率，这从管理

通过管理的作用改变体力劳动者生产率与改变知识工作者生产率的决定因素是有所区别的。

知识工作者的生产率不仅需要待遇，而且还需要有自主权。

---

① 彼得·德鲁克：《21 世纪的管理挑战》，朱雁斌译，机械工业出版社 2006 年版，第 3 页。
② 彼得·德鲁克：《21 世纪的管理挑战》，朱雁斌译，机械工业出版社 2006 年版，第 120 页。
③ 彼得·德鲁克：《21 世纪的管理挑战》，朱雁斌译，机械工业出版社 2006 年版，第 127 页。

的本质关系上动摇了经典管理思想的根基及其理论逻辑的原点。

如果说德鲁克对管理对象中主体生产率的质疑是从经典管理的内在逻辑前提下发现了漏洞，那么关于企业应该更多承担"社会责任"的主张则是从"企业与社会"更宽泛的视野发现了经典管理的狭隘性或道德责任滑坡。[①] 企业社会责任的广泛兴起对经典管理产生变革的主要依据有：公众期望，长期利润，道德义务，企业形象，改善氛围，减少政府调节，责任与权力的平衡，股东利益，资源的拥有，以及防止社会弊端的优越性等这些新的诉求需要有新的管理思想来回应。[②] 企业社会责任成为焦点被关注，说明狭隘的以"盈"为核心的经典管理面临新的挑战和变革需要，管理的基本逻辑也已经从单纯的经济绩效的功利主义原则转向经济绩效与社会责任相统一的持续发展原则。除此之外，现在如火如荼兴起的诸如"互联网思维""共享经济机制""平台组织""创新价值增长模式"等因素都使得经济活动的本质关系、组织机制、决策思维、运作方式等受到极大影响和挑战，而如何认识并应对这些变化已经很难从经典管理理论及其战略架构中找到答案。

> 管理的基本逻辑也已经从单纯的经济绩效的功利主义原则转向经济绩效与社会责任相统一的持续发展原则。

上述列举的一系列新变化已经充分暴露出经典管理思想及其战略架构的解释力和指导性的极大局限性，因为从认识本质上来看，它是与效率、生产力和高利润等目标一致的功利主义管理观。斯蒂芬·P. 罗宾斯就是从经典管理的功利主义管理观中发现其面临的困境："由于管理领域正在发生变化，因此观点也需要改变。……强调个人权力和社会公正的新趋势意味着管理者需要以非功利标准为基础的道德准则。这对当今的管理者是一个实实

---

① 20世纪80年代后期关于企业社会责任与道德问题的思考受到极大的关注和多视角研究，斯蒂芬·P. 罗宾斯在《管理学》（第四版）第103页有具体介绍；另外，德鲁克也关注到"人与社会机构的行为"，这些研究观点对审视经典管理的局限性有很多启发。实际上，企业社会责任问题还与经济学中"外部效应"问题密切相关，本文将在接下来的分析中再进行探讨。

② 斯蒂芬·P. 罗宾斯：《管理学》（第四版），黄卫伟等译，中国人民大学出版社1997年版，第112页。

在在的挑战，因为依据个人权力和社会公正等标准来制定决策，要比依据效率和利润等功利标准制定决策，含有更多的模糊性。结果，管理者日益发现自己正面临着道德的困境。"① 但是，罗宾斯也并未提出超越功利主义管理观的新的管理内涵和决策思维；同样，其他的管理学家或研究成果也主要是对经典管理思想和理论提出了质疑和变革的要求。到底应该如何回应这些具有新时代特征的变化对经典管理思想和战略架构的挑战？或者基于怎样的新管理思想建立新的战略架构？法商管理思想的兴起和理论探索将直接回应或解答这些问题。

（二）"法商管理"的核心内涵

关于"法商管理"的思考探索经历了深入挖掘概念内涵和不断完善理论体系的认识过程，通过对法商管理思想和核心内涵的研究及定义，将重新审视管理的本质关系和企业的战略架构，基于此，我们将对管理的根本要义和企业的经营战略获得深刻认识及全新注释："法商管理就是指基于效率与公平均衡的价值观和方法论进行有效的主体权益安排，以实现组织健康持续增长的目标。"② 然而，真正要对法商管理思想有全面深刻的理解，需要明辨此定义蕴含的四点核心内涵，这也是法商管理在理论或实践上

> "法商管理就是指基于效率与公平均衡的价值观和方法论进行有效的主体权益安排，以实现组织健康持续增长的目标。"

---

① 斯蒂芬·P. 罗宾斯：《管理学》（第四版），黄卫伟等译，中国人民大学出版社1997年版，第103页。

② （1）"法商管理"的概念最早被界定为"在经商和法治的价值观及方法论的相互作用下，合理实现企业目标的管理过程"。（参见《法商管理评论》（第一辑），经济管理出版社2015年版，第3页）。（2）接下来，在多次学术会议及论坛上进行了更加具体的新阐释："法商管理就是追求效率的经商的价值观和方法论与追求公平的法治的价值观和方法论的有机结合，以实现效率与公平均衡发展的管理过程。"（参见《经济与管理研究》2016年第7期，第128页）（3）再经过进一步的探索和思考，对此又有了更深刻的领悟："法商管理就是追求效率的经商的价值观和方法论与追求公平的法治的价值观和方法论的有机结合，以实现主体权益均衡发展的管理过程。"（参见《创新、创业与企业管理》中国企业管理研究会年度报告（2016~2017），经济管理出版社2017年版，第175页）这其中的关键词从"实现效率与公平均衡发展的管理过程"修改为"实现主体权益均衡发展的管理过程"。（4）本文这里所做的定义与以前的几个定义相比较，其核心内涵应该更全面、更完整地表达了"法商管理"思想（参见《法商架构师的兴起：案例分析》，经济管理出版社2017年版，"代序"）。在以后的理论研究和管理实践的运用中，除非有特别说明外都采用本文的定义。另外，关于"法商管理"的认识发展将在接下来我自己有关法商思想演变的专著或论文中再详细说明。

超越经典管理的核心理念及根本要义：

（1）法商管理把"商与法"价值观和方法论相结合，将开拓"整合资源+驾驭规则"的管理新领域。① 首先需要说明的是关于"法"的界定，从狭义上来看主要是指法律条文、成文的规章制度等；但在这里对法商管理中"法"的界定是从广义上来理解，即泛指影响人们行为的各种规则。经典管理理论更注重和强调的是如何有效整合资源的管理，而有意无意会忽略管理过程中规则治理——强调任何行为都必须符合或驾驭相应的规则——的法治思维。事实上，关于资源的获取和运用必须要付出直接或刚性成本，这对管理者而言已经是不言自明的事实；但是，资源的获取和运用同时需要付出柔性或间接的规则成本，则是很多管理者所忽视或未能认识到的，甚至因投机规避而埋下了隐患。

> 法商管理中"法"的界定是从广义上来理解，即泛指影响人们行为的各种规则。

法商管理就是把"商与法"两者的知识、方法和智慧高度融合。如果用简单直接的表述，可以说商业智慧偏重于整合资源，法治思维偏重于驾驭规则；法商管理的价值观和方法论就是在"资源"与"规则"组成的坐标中进行"资源+规则"的管理安排，这样做的结果是使其付出的成本或存在的风险是不同的。罗伯特·考特（Robert Cooter）和托马斯·尤伦（Thomas Ulen）从"法和经济学"的视角也发现经济学的概念与法律规则具有内在的联系，他们认为："法律所创造的规则对不同种类的行为产生隐含的费用，因而这些规则的后果可当作对这些隐含费用的反应能够加以分析。而且，我们认为诸如最大化、均衡和效率之类的经济概念是解释社会，尤其是解释理性的人们对法律规则的反映

> 商业智慧偏重于整合资源，法治思维偏重于驾驭规则；法商管理的价值观和方法论就是在"资源"与"规则"组成的坐标中进行"资源+规则"的管理安排。

---

① 已经存在的相关学科"法和经济学"也研究了"法商思维"的相关问题，但是正如经济学与管理学本身存在的认识差异一样，法和经济学主要是用经济学的方法研究法律规则的经济属性等问题；法商管理是从管理的视角揭示企业经营活动中的法商关系，并探讨怎么把"法商思维"运用于管理过程中。

行为的基本范畴。"① 他们的观点也是强调应该理性地把最大化、均衡和效率等经济活动概念与法律的规则费用都纳入解释人们行为的基本范畴，也就是把商业思维和法律思维加以统一。他们的这种理性考虑"规则成本"的思想与法商管理"商与法"的价值观和方法论整合的思想完全一致。通过法商管理的研究和推广必将有助于管理者积极主动地修炼和提升"整合资源＋驾驭规则"的思维决策能力。正因如此，哈佛商学院 GloColl 项目总监 Rohite Deshpande 教授曾指出："法商管理的建立为世界的管理教育做出了贡献。"②

（2）法商管理把管理过程的效率与公平有机结合，有助于实现理论和实践中的管理方法与目标价值统一。这里所界定的"公平"主要是从管理学和法学交叉的视角，如何对支配企业资源和经济活动的"责权利"进行公平配置。在经典管理的核心理念中强调的是"追求效率"，而在法治理念中强调的是"追求公平"，导致了在经典管理指导下使"效率"和"公平"成为人们思维中难以兼顾甚至冲突的两个极端。而法商管理的核心内涵和思维决策则强调将这两种价值观和方法论有机结合，因此，在法商管理视野下的有效管理过程不是在"效率"或"公平"两个极端来回跳跃，而是要实现效率与公平的相对均衡。

事实上，管理过程中强调资源配置效率仅仅是在管理方法层面上的运作，而管理过程的"责权利"安排则是在战略关系上的价值选择。但是，经典管理中注重的是管理方法的"工作效率"，而轻视或不关注管理目标及其结果的"价值公平"问题。正如赫伯特·A. 西蒙（Herbert A. Simon）在《管理行为》中所指出的：

> 法商管理视野下的有效管理过程不是在"效率"或"公平"两个极端来回跳跃，而是要实现效率与公平的相对均衡。

---

① 罗伯特·考特，托马斯·尤伦：《法和经济学》，张军等译，上海三联书店，上海人民出版社 1995 年版，第 13 页。
② 孙选中主编：《法商管理的兴起——孙选中关于中国法商管理的思考》，经济管理出版社 2013 年版，第 182 页。

"有效率无非是指采用最短的路径、最廉价的手段达到预期标的。效率准则不关心要达到什么标的，它对于价值问题完全持中立态度。"[1] 而正是因为经典管理过程中"效率方法"与"公平价值"的分离，导致产生了很多企业经营困境：比如，有些独具创新的企业并不是因为产品或技术问题，而是由于缺乏公平的利益分享机制致使经营难以为继；很多创业企业或家族企业祸起萧墙不是因为投资项目效益或市场竞争问题，而是企业组织特别是家族企业交织的各种关系涉及"责权利"安排以及评判价值贡献的公平性问题，导致所有者与经营者难以协调致使企业无法持续发展；等等。

（3）法商管理追求实现主体权益均衡发展的管理过程，从本质上重新界定了管理决策应该以"主体权益为本"。这里所确定的"权"既有法律意义上的基本权利，也包括管理学意义上的尊重、选择、影响力等权力因素；而"益"则主要是管理学和经济学意义上的收益、报酬、升迁、发展等价值因素。如果我们仅从字面上看，"法商"与"权益"存在着非常对称的关系：即"法"主要对应于"权"，"商"主要对应于"益"；那么"法商"正好对应于"权益"。在经典管理思想的"盈三角"战略架构指导下，将自然而然地把解决"益"的问题归之于企业管理的商事活动，而把解决"权"的问题归之于法律人士的法务活动。当把管理者应尽的"权益"责任分离开来，必然使企业管理过程出现许多纠缠不清的矛盾或冲突。最为典型的问题就是在公司治理中法律人士一般更强调"法"的约束作用，经营管理者则十分强调"商"的效益价值，常常出现坚持"法"还是坚持"商"两种思维互不让步或水火不容的情况，其问题根本在于未能把法商管理的"权益"作为一个整体进行有效安排。

> "法商"与"权益"存在着非常对称的关系：即"法"主要对应于"权"，"商"主要对应于"益"；那么"法商"正好对应于"权益"。

---

[1] 赫伯特·A. 西蒙：《管理行为》（第 4 版），詹正茂译，机械工业出版社 2004 年版，第 10 页。

尽管从心理学或行为科学的角度已经形成了管理应该"以人为本"的理念，但是，一直以来并没有在管理理论上真正揭示"以人为本"的生产率本质关系。而法商管理思想揭示了以人为本的管理从本质上来说就是以"主体权益为本"。由此，能够解释彼得·德鲁克曾提出知识工作者大量出现将对 21 世纪的管理产生挑战：不能只关注"效益"的管理，而要强调"权益"的管理。"效益"与"权益"表面看来是一字之差，但是相对于参与主体，前者只能满足物质需求，后者可以把物质和精神需求有效融合，产生的管理结果大相径庭。实际上，今天很多企业深层次的问题就是因为各参与主体之间的"权益"不均衡而引发，但很多企业创建者和管理者还仅仅局限于单纯用解决"效益"的经典管理的商业思维来处理或斡旋，必然使其始终不得其解。

> 法商管理思想揭示了以人为本的管理从本质上来说就是以"主体权益为本"。

（4）法商管理强调实现组织健康持续增长，从决策思维上将构建企业实现基业长青的战略架构。根据系统理论对组织系统的运行分析可以知道，一个组织是通过"输入→系统处理→输出"的有机循环保持其持续运行。法商管理所界定的企业"健康持续增长"对应系统论的三个环节就是"战略资源（输入）→经营模式（系统处理）→企业价值（输出）"的有机循环不断发展。具体而言，可以从这三个环节保证企业健康持续增长：其一，健康的战略资源。企业决策者必须树立战略资源的"健康"意识。事实上，很多企业的风险或失控甚至衰败都是从"不健康资源"开始，要么是输入方式要么是资源品质存在不健康的因素给企业带来风险。其二，持续的商业模式。老子的《道德经》中大家耳熟能详的是"道生一，一生二，二生三，三生万物"，也就是说任何发展过程都有其内在的必然逻辑。如果把老子的思想用来解释商业模式发展的持续性，那就是"三生万物"的发展盛况应该有其"道"，法商管理思想主张持续的商业模式必然建立在"正道很多企业的财富积累不是依靠"道"而主要是靠"术",因此其商业模式难以持续。

成功"之上。但是很多企业的财富积累不是依靠"道"而主要是靠"术",因此其商业模式难以持续。其三,增长的企业价值。如今,关于企业价值的认识正在不断深化发展,其视角已经从管理学和经济学延伸到社会学、文化学、政治学、历史学等学科。[①] 可以说,经典管理建构了企业创造财富的价值观,而法商管理的企业价值观将拓展企业价值要素和重构企业价值体系,通过"经济价值+治理价值+发展价值"三维互动以实现企业法商价值的不断增长。

这里所界定的健康持续增长的理念蕴含着拒绝极端决策和坚持平衡发展,意在从核心理念上明确企业的战略目标应该追求实现基业长青。基业长青的企业有哪些特征?詹姆斯·C. 柯林斯(Jim C. Collins)和杰里·I. 波勒斯(Jerry I. Porras)在其名著《基业长青》一书中进行了深刻全面的实证分析,他们研究发现持续增长的那些"高瞻远瞩"的公司都能够用兼容并蓄的方法克服"非此即彼"的两个极端而坚持做到:"变革和稳定并存;保守和勇猛并存;低成本和高品质并存;创新的自主性和一贯性及严格控制并存;为未来投资和短期优异表现并存;有秩序的追求进步和机会主义式的摸索并存;为股东创造财富和为人类行善并存;理想主义(价值观导向)和务实主义(利润导向)并存。"[②]由此可以断定:企业要实现持续增长就必须把这些看似表面冲突的力量或不相容的两个极端,通过法商价值观和方法论加以整合从而实现均衡发展,而这恰恰是经典管理难以做到的。

(三)法商管理的理论创新

以上对法商管理的核心内涵进行了分别说明,但是,现在的企业管理为什么要转变为"法商管理"?法商管理的创新理念和

---

① 关于企业价值的思考和研究曾经主要是管理学、经济学的研究领域,现在企业与社会、企业与文化、企业与政治、企业与历史等研究成果或学科领域也不断呈现,这些研究对全面认识企业价值具有参考意义。这里先提出法商价值的三重价值构成,在接下来的分析中再具体说明。

② 詹姆斯·C. 柯林斯、杰里·I. 波勒斯:《基业长青》,真如译,中信出版社2002年版,第57页。

核心要义如何超越经典管理的理念？基于法商管理的核心思想将建构怎样的战略架构？可以肯定地说，通过把法商管理与经典管理的核心内涵进行比较分析，这些问题都会迎刃而解。

在上文的分析中，列举了经典管理最具代表性的由哈罗德·孔茨和海因茨·韦里克在《管理学》这部经典著作中对"管理"所做的权威定义："管理就是设计和保持一种良好环境，使人在群体里高效率地完成既定目标。"该定义简明扼要地把"良好环境""人的群体""高效率""既定目标"等管理的核心要素与"计划、组织、人事、领导、控制"的管理职责相对应建构起了经典管理学体系。① 这一理论体系表面看来在逻辑完备性上似乎无懈可击，也可能正因如此才使得"盈三角"的战略架构对企业经营的权威影响能够延续至今。

当我们把法商管理的定义——"法商管理就是指基于效率与公平均衡的价值观和方法论进行有效的主体权益安排，以实现组织健康持续增长的目标"与哈罗德·孔茨和海因茨·韦里克关于经典管理的定义进行逻辑比较，我们能够发现孔茨和韦里克的管理定义在理论逻辑上存在诸多不完备性：

第一，经典管理如果是"设计和保持一种良好环境"，那么，用什么样的设计思维和保持方式才能够判断管理者设计和保持了一种"良好环境"？

第二，经典管理是通过组织制度机制和激励控制方式使"人在群体里"能够"高效率"地工作，那么，人在群体里能够高效率工作的内在动机到底是什么？怎么让他们获得满足而产生高效率工作？

第三，经典管理是要实现组织"高效率地完成既定目标"，

> 与哈罗德·孔茨和海因茨·韦里克关于经典管理的定义进行逻辑比较，我们能够发现孔茨和韦里克的管理定义在理论逻辑上存在诸多不完备性。

① 哈罗德·孔茨和海因茨·韦里克在《管理学》这部经典著作中关于管理的经典定义及其界定的管理工作具有的"计划、组织、领导、控制"四大管理职能构成了本书全部内容，这一著作出版后一直作为管理思想的权威体系，在理论和实践中几乎没有对此思想提出过问题或质疑。

那么，"高效率"的工作方式怎么选择？"既定目标"是追求当前还是长远的"盈余"目标？

这里对经典管理提出的几个核心问题，应该都是经典管理在逻辑上不能够自洽或不完备的问题：第一个问题是"良好环境"的判断前提应该有"良好的设计思维或原则"问题，在经典管理定义中这个前提不存在。第二个问题是"人在群体里"如何产生"高效率"的生产率问题，在经典管理定义中并未界定出人在群体中其行为的出发点或根本动机，使经典管理定义缺乏建立有效组织机制的核心支点，这样在管理的逻辑关系上可能导致所谓良好组织的"空心化"。第三个问题是"既定目标"具有很强的主观性或决策的模糊性，经典管理定义中未能给予企业发展目标清晰的方向性指导。归纳这几个问题可以清楚地发现，经典管理定义中存在"管理思维""组织机制""发展目标"等理论逻辑的不完备性，这样必然可能使企业在管理过程中出现漏洞从而产生不可预期或失控的风险乃至走向衰落。

经典管理定义中存在"管理思维""组织机制""发展目标"等理论逻辑的不完备性。

把两个定义进行比较分析，可以看到法商管理的定义及其核心内涵正好能够弥补经典管理思想的逻辑漏洞。

如果把两个定义进行比较分析，可以看到法商管理的定义及其核心内涵正好能够弥补经典管理思想的逻辑漏洞：第一，法商管理明确指出企业组织设计和管理必须基于"效率与公平均衡的价值观和方法论"，也就是说，设计和保持一种"良好环境"的管理思维和建设原则必须是使参与者既能够有效率地创造性工作，还能够公平地分享成果、拥有机会或获得认可等。第二，法商管理的组织制度和内在机制是对"主体权益"进行有效及合理的安排，因为"人在群体里"即参与组织活动的任何人的根本行为动机无一例外都是想获取受尊重的"权"及保障基本需求的"益"。这是任何人的心理和生理中最基本也是最重要的两种价值要素，它们在管理本质关系上凝聚成为"权益"，而基于"权益"为核心原点的组织架构能够从根本上防止组织的"空心化"。第三，法商管理明确界定了企业应该追求的发展方向和争取实现的目标是"健康持续增长的目标"，这从理论逻辑和决策思维上能够克服经典管理的"既定目标"容易导致的短视性、主观性，以及遏制很多企业有意无意屡屡发生的忽视规则或突破底线的投机性行为带来的不可控风险，使参与企业组织的所有人（包括不同层面的管理者及工作者）都对组织健康增长建立良好预期并共同维护企业健康持续发展。

四、法商管理"赢三角"战略架构

通过把法商管理与经典管理核心理念进行对比分析，可以看到法商管理在理论逻辑上形成了相对完备的管理体系，基于这样的管理体系必将在管理的核心要素、本质关系和战略原点等方面创新构建基于法商管理核心内涵的战略架构。我们仍然参照三角形结构图的表示方式，对既包含经典管理"盈三角"的特性，但又具有更全面、更深刻内涵的法商管理"赢三角"战略架构用图2加以表示和进行具体说明：

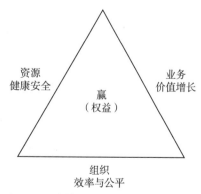

图2　法商管理"赢三角"战略架构

从图2中可以看出，"赢三角"战略架构的核心要素中既包含"盈三角"的基本要素，又出现了一些新的战略考量因素。仔细观察可以发现，这些新的因素不仅正好能够弥补经典管理的缺陷，更有意义的是这些新的战略考量因素将对企业经营战略提供更加深刻和系统的指导作用。

（一）"权益"核心与企业"赢"战略

"赢三角"中心是以法商思维的"权益"为核心使企业保持"赢"。

经典管理是以"财富"为核心的"盈"战略，主要是用财务指标或有形资产来考量其盈利能力的经营战略；而法商管理是以"权益"为核心的"赢"战略，则是综合了有形资产、无形资产及核心竞争力等变量来考量其持续竞争优势的经营战略。

"赢三角"中心是以法商思维的"权益"为核心使企业保持"赢"。对比"盈三角"战略架构，可以看到这里的"赢三角"战略架构的核心要素和战略原点都有所不同。简单地说，经典管理是以"财富"为核心的"盈"战略，主要是用财务指标或有形资产来考量其盈利能力的经营战略；而法商管理是以"权益"为核心的"赢"战略，则是综合了有形资产、无形资产及核心竞争力等变量来考量其持续竞争优势的经营战略。也就是说，"赢三角"是以各种参与者的"主体权益"为战略原点指导企业聚集"赢"的综合要素，创造和实现多重价值的核心竞争优势。由于"赢"的综合竞争效益必须以参与主体权益均衡为基础，因此形成了与经典管理"财富核心"完全不同的法商管理"权益核心"。由此我们可以看到，"赢三角"战略架构是真正"以人为本"从"主体权益安排"出发来整合资源、驾驭规则和持续发展，将有助于自觉克服企业经营的短视性和盲目性，降低企业片面追求高效率盈利而潜存的相关问题甚至巨大风险。

结合上面关于"法商"与"权益"完全对称的经营关系，进一步探讨以"权益"为核心的"赢三角"战略架构，可以明确看到：这是界定了企业的一切经营活动都是以"权益"价值——即从资源和规则中创造价值——为基准点，这也与产权经济学关于企业的经营活动必须以产权明晰为前提的观点一致。那么，运筹"益"更需要"整合资源"的能力（事实上，权益核心中的"益"已经把财富要素及其经营价值包含其中），运筹"权"更需要"驾驭规则"的能力，只有从战略上对"权益"价值进行综合

创造才能够真正实现"赢"。经典管理的战略架构中突出了商业
活动中与"益"相关的财富管理，轻视或忽略了商业活动中与
"权"相关的规则要素或协同关系，致使很多企业创建者或掌门
人因规则失控深陷困境或使企业走向衰落。法商管理以"权益"
为原点可以回归企业经营的本质，坚持"资源+规则"的战略运
作和管控。关于这一点，美国 GE 公司前掌门人杰克·韦尔奇
（Jack Welch）在总结他领导 GE 公司如何做到"赢"的一段话
中，对法商管理"赢三角"的思想精髓作了直白的表述："赢是
伟大的！企业争取赢的手段必须是光明正大的——应该很干净、
遵守规则，这是先决条件。那些用不公平的手段去竞争的公司和
个人没有资格谈赢。"[①]

> 法商管理以"权益"为原点可以回归企业经营的本质，坚持"资源+规则"的战略运作和管控。

（二）组织：效率与公平

图 2 的底边表示的是用"效率与公平"的法商思维建构企业
组织。相比较来看，经典管理"盈三角"的战略架构中突出强调
的是通过"结构、机制和过程"建构组织，但是并没有明确指出
应该用什么样的思维或方法才能够使它们真正建构成良好环境。
而在法商管理"赢三角"战略架构中则是把"结构、机制和过
程"等作为组织的基本要件，确立了必须坚持效率与公平均衡的
组织原则来构建良好环境。具体来说，"赢三角"的组织是要构
建具有以下特征的良好环境：

（1）基于效率与公平均衡保障组织有效性。在经典管理思想
中尽管提出了组织要追求"高效率"的核心问题，但是由于其理
论逻辑的不完备性，因此并未明确界定如何才能够从管理关系及
决策机制方面实现组织的有效性。而在"赢三角"的组织中，明
确了以"权益"为核心、坚持"效率与公平均衡"的组织原则以

[①]　杰克·韦尔奇、苏茜·韦尔奇：《赢》，余江等译，中信出版社 2005 年版，"前言"，第 4 页。

实现组织的有效性。由于权益安排问题从根本上来说就是公司治理的核心问题，直接影响并决定了公司治理三要素"规则、合规、问责"的有效性。[①] 因此，可以从战略上把经典管理过程中以权力为中心的管理型组织，变革为基于权益安排的多方参与和制衡的治理型组织，并通过具有刚性约束的法定规则保障组织运行的有效性。

一个企业或公司运作的有效性取决于其组织治理的有效性，组织治理的有效性又取决于权益安排的有效性，而权益安排的有效性必须建立在效率与公平均衡的基础之上。

事实上，一个企业或公司运作的有效性取决于其组织治理的有效性，组织治理的有效性又取决于权益安排的有效性，而权益安排的有效性必须建立在效率与公平均衡的基础之上。当某个组织的权力过度集中是绝不可能真正实现有效治理的，当然也谈不上有效的权益安排。美国哈佛法学院访问教授和新基金主席约翰·庞德（John Pound）认为组织的有效性在管理型或治理型公司（或组织）中是完全不同的，他所指的管理型公司就是权力高度集中缺乏相关利益群体多方参与的决策机制，这是容易导致决策失灵的组织机制；而"治理型公司有更有力、多元化和适应性更强的决策过程，有更多的新思想。监督过程的人治特色也较弱，它强调的核心不是 CEO 的能力而是组织的有效性"[②]。彼得·德鲁克也深刻地指出："在传统组织中（过去 100 年经历的组织），组织的骨干或内部结构是由等级和权力构成的。在新兴的组织中，组织的骨干或内部结构必须是相互理解和责任。……要使组织有所作为，你必须用责任取代权力。"[③] 在法商思维的组织建构中，由于相关利益群体可以在效率与公平均衡原则下参与企业组织治理和经营，这是最有效地用责任取代权力的组织变革机制，因此可以最大限度地激发参与者的工作热情，并能够更广泛地整合资源使组织更有效地运作。

[①] 李维安、牛建波：《CEO 公司治理》，北京大学出版社 2012 年版，第 10 页。

[②] 约翰·庞德：《治理型公司前景》，沃尔特·J. 萨蒙等：《公司治理》，《哈佛商业评论》精粹译丛，孙经纬等译，中国人民大学出版社 2001 年版，第 90 页。

[③] 彼得·德鲁克：《巨变时代的管理》，朱雁斌译，机械工业出版社 2006 年版，第 14 页。

（2）基于效率与公平均衡保持组织的生命力。"赢三角"的核心思想是通过整合"赢"的各种综合要素实现企业的健康持续增长，这样建构的企业组织渗透着生命意识。如果我们把一个组织或企业视作一个生命体，它的生生不息的生命力就源于参与组织的各类人员自觉挖掘和发挥其自身的创造力。然而，一个组织的生命力从根本上靠什么保障？经典管理强调财富的"盈"能够对参与者有一定的激励作用，但是很难使参与者把自己的生命与组织的生命融为一体。

理查德·帕斯卡尔（Richard Pascale）、马克·米里曼（Mark Millemann）、琳达·基奥加（Linda Gioja）通过研究企业组织与人体相类似的生命系统和症状体系，发现员工与企业组织的生命系统关系中，有四个生命体征变量将决定和改变组织的生命力："①权力。员工是否相信他们能够影响组织的绩效？是否相信他们有权力使组织绩效发生改变。②身份。员工是否仅仅把自己同特定的职业、工作团队或者职能单位联系在一起？是否把自己看作是整个企业一个有机的组成部分？③冲突。组织成员如何处理冲突？他们是回避问题还是正视并努力解决问题？④学习。组织是如何学习的？组织是如何对待新思想的？"① 他们的研究所揭示的组织生命力的变量特征具有很重要的研究价值，但是，他们没有提出如何维护或把控这四个变量的组织架构原则和方法。而"赢三角"确立的效率与公平均衡的组织原则正好弥补和完善了他们的研究不足。可以看到这四个变量中，前两个变量（权力和身份）主要体现了组织"公平"状况；后两个变量（冲突和学习）更多反映了组织"效率"状况。"赢三角"战略架构有助于使各类人员通过企业组织的公平环境获得"存在感"，同时通过企业组织的效率环境获得"责任感"。在这样的环境下，他们既

> 如果我们把一个组织或企业视作一个生命体，它的生生不息的生命力就源于参与组织的各类人员自觉挖掘和发挥其自身的创造力。

> "赢三角"战略架构有助于使各类人员通过企业组织的公平环境获得"存在感"，同时通过企业组织的效率环境获得"责任感"。

---

① 理查德·帕斯卡尔、马克·米里曼、琳达·基奥加：《改变变革的方式》，李蕾、李东红译：《公司大转折》，《哈佛商业评论》精粹译丛，中国人民大学出版社2004年版，第68页。

能够通过自己的积极工作有效地创造价值又能够公平地分享红利和获得发展机会，所以能够最大限度地发挥各自的创造力，使组织发展充满活力和生命力。由此思路分析企业生命力问题，也使我们能够破解为什么谷歌公司建立的"赋能"组织、稻盛和夫推行的"阿米巴经营"[①] 组织都具有极强生命力的奥秘。

此外，上文分析中关于社会责任问题对经典管理的质疑，比如，公众期望、长期利润、道德义务、企业形象、改善氛围、责任与权力的平衡、股东利益、资源的拥有等，说到底，这些问题在经典管理范畴中都不可能找到解答，其解决思路和措施都必须通过效率与公平均衡的法商管理决策才可能从根本上加以解决。同样，像互联网思维、共享经济、平台组织、创新价值增长模式等新经济问题，其解决答案也必须是通过效率与公平均衡来架构新的规则和有效安排各种权益。需要说明的是，"效率与公平均衡"的组织不是简单地考虑这两类因素各占多大比重的问题，而是在组织架构的思维决策中如何保持其有效运转和持续发展的内在机制。通常情况下，不同企业或同一企业在不同发展阶段，效率与公平原则所形成的组织机制的均衡点不完全相同，其结果将影响到组织的有效性及其生命力。

> "效率与公平均衡"的组织不是简单地考虑这两类因素各占多大比重的问题，而是在组织架构的思维决策中如何保持其有效运转和持续发展的内在机制。

（三）资源：健康安全

图 2 左边的斜边所表示的是用"健康安全"的生命意识获取和管控资源。对比图 1 可以看到，"盈三角"相对应的斜边虽然也突出了企业必须获取和拥有经营资源，但是并不能够指导企业从战略上如何辨别或管控这些资源将给企业带来怎样的价值及风险。价值与风险实际上是一对相辅相成的影响因素或相互作用的

---

① 谷歌公司的组织创新是从组织的"他激励"改变为"自激励"，使组织具备让每个人能够发挥自主创造力的"赋能"机制；稻盛和夫的"阿米巴经营"是把经营的相关权利赋予最基本或最小的经营单位，达到使每个"阿米巴"能够自适应地发挥最大创造力。实际上他们的组织机制都是坚持做到了"效率与公平均衡"的合理"权益"安排。

矛盾，价值对企业而言就是有用的并能够产生利益的因素，风险则是对企业造成损失或不利的可能性。事实上，不论在理论上还是实践上都能够总结出一个辩证判断：企业作为整合资源和创造价值的经济组织，任何资源都将既给企业带来价值也给企业带来风险；越是稀缺的资源将隐含越大的风险，可以说企业的经营发展，成也资源，败也资源。然而，在经典管理追求高效率获得财富盈余的理念引导下，企业创建者和管理者都容易更加倾注于获取资源的竞争，往往忽视甚至放弃对不健康、不安全获取资源的风险管控。而"赢三角"战略架构把"健康安全"整合资源作为企业战略的重要支撑和战略决策的重要原则，必然将在理念上重塑资源战略观，在实践上强化对资源的控制力。

> 企业作为整合资源和创造价值的经济组织，任何资源都将既给企业带来价值也给企业带来风险。

（1）"赢三角"重塑资源战略观。关于企业的资源战略观是指企业对资源的价值与风险的根本认识及其从战略上对资源的管控。经典管理学对资源价值的认识是非常充分的，比如，公司资源理论的先驱之一辛西娅·A. 蒙哥马利所表达的观点就很有代表性：管理者在资源竞争中面临的挑战"就是要弄清楚划分有价资源和平庸资源的依据，据此制定一套可以营造持续竞争优势的战略。……公司资源的价值体现在公司与其赖以竞争的环境在需求、稀缺性和可获得性三个方面交互作用的结果。价值正是形成于这三个方面的交叉区域：一项资源为顾客所需，同时不可能为竞争对手复制，其创造的利润能为公司所获得。"[1] 这一代表性观点明确了经典管理思想的资源价值观：通过辨别资源的顾客需求、稀缺性和创造利润的可获得性来界定是否为有价资源，从而在战略决策上选择通过怎样的竞争方式来获取资源。这样的资源竞争战略已经被企业创建者和管理者所普遍采用。

然而，通过法商思维分析方法才能够发现，经典管理的资源

---

[1]　大卫·J. 科利斯、辛西娅·A. 蒙哥马利：《公司战略：企业的资源与范围》，王永贵等译，东北财经大学出版社 2000 年版，第 34 页。

价值观就是"盈三角"的财富价值观在资源竞争过程中的具体表现，它适应于高效率追求财富增长的"盈"。从理论上讲，有价资源的需求性、稀缺性和可获得性的三种价值要素也同样隐藏着相应的风险：比如，满足短期需求还是长期需求？稀缺性是自然因素还是垄断因素导致？企业为获取利润能够承担或愿意付出哪些资源成本？等等。对这些问题的认识和解决已经超越关于资源价值要素的理解，并将涉及获取这些资源的不同方式的合同风险，以及如何管控、维系资源关系的相关规则风险。也就是说，这些问题都存在着需要进行"资源+规则"的战略考量和分析，很有必要运用企业资源的"健康指标"和"安全边际"进行定性及定量的测度分析。[①] 如何运用健康安全的"资源+规则"的资源竞争方式，这是经典管理"盈三角"战略架构所未能企及也不能够解决的。这些资源战略的决策如果只有资源的价值追求而轻视或缺乏资源的风险意识，必将给企业战略带来极大的风险隐患。因此，法商管理"赢三角"战略架构将引导企业重塑企业竞争资源的战略观，从资源的价值和风险交织作用中，选择资源价值最大化和资源风险最小化的方式来管控资源。

（2）"赢三角"强化资源管控力。企业作为整合资源和创造价值的经济组织，其一切经营活动的前提是必须能够获取必备的资源，在经典管理"盈三角"中已经把拥有资源作为必不可少的战略安排，但却把管理中的"控制职能"重点置于如何使用资源实现企业经营计划和目标，比如，哈罗德·孔茨等认为："管理工作的控制职能是从事于对业绩的衡量与校正，以便确保企业目标和为达到目标所制定的计划得以实现。"[②] 斯蒂芬·P. 罗宾斯认为控制作为管理职能环节中的最后一环是非常重要的，他对控

法商管理"赢三角"战略架构将引导企业重塑企业竞争资源的战略观，从资源的价值和风险交织作用中，选择资源价值最大化和资源风险最小化的方式来管控资源。

---

① 关于企业战略资源的"健康指标"和"安全边际"分析，这是基于类似于人的身体健康指标和安全边界的检查评估，此项研究我们已经进行了相关指数的提炼，进一步的工作还在进行中。简单而言，企业获取资源如同每个人需要有节制地摄入饮食一样存在着健康安全的问题以及不同的保健方案。
② 哈罗德·孔茨、海因茨·韦里克：《管理学》，郝国华等译，经济科学出版社1993年版，第552页。

制的定义及其管理价值的理解与孔茨几乎相同，但是他更明确地指出：控制的对象主要是信息系统和作业管理。[①] 由此可以看出，在经典管理体系中，控制作用的价值表现为与计划和目标的关系，却没有特别考虑对输入或拥有资源的管控问题。

相对于企业的经营活动，我们可以把企业需要的资源划分为保障企业基本运行的"一般资源"和塑造企业竞争力的"战略资源"，辛西娅·A. 蒙哥马利将其界定为平庸资源和有价资源。当然，在企业经营过程中，不同类别资源所具有的价值不同而可能存在或产生的风险也不同，因此要求企业管控资源的控制力必然不同，特别是对企业的战略资源不仅要关注输入或获取，更要注重管控。从法商思维"赢三角"战略架构来分析主要应该关注和强化以下几种资源管控力：

> 特别是对企业的战略资源不仅要关注输入或获取，更要注重管控。

第一，对资源"支配作用"的管控。"赢三角"战略架构的"权益"核心，从根本理念上强化了必须管控股权设计、合同条款、合作模式、共享机制等这些现代企业的生存关系，说到底，这些生存关系都是因各类参与主体拥有特定资源而存在着权益需求，企业如何调整和安排各种资源隐含的权益以实现对资源的支配。企业理论研究的代表性学者詹森（M. C. Jensen）和麦克林（W. H. Meckling）认为，企业作为一种组织实质上是一种法律虚构，它是通过连接劳动力投入、物质投入、资本投入等各种资源，而充当了一组契约关系的连接点。如果撇开这些契约关系，企业仅仅是一个空洞的名词而已。[②] 因此，企业组织与各种资源的连接关系不是仅仅满足最大限度地获取资源，更需要从战略上筹划如何达到具有支配作用的管控。否则，如果对已获取的资源或整合的资源缺乏足够的连接支配力，必将使看似强盛的企业演变成一个空壳。

第二，对资源"获取方式"的管控。企业输入端获取资源的

① 斯蒂芬·P. 罗宾斯：《管理学》（第四版），黄卫伟等译，中国人民大学出版社 1997 年版，第 476 页。
② 吴敬琏：《现代公司与企业改革》，天津人民出版社 1994 年版，第 12 页。

连接方式尽管很多，但是几乎都可以归纳为基于市场机制的交易方式或者非市场机制的交换方式。关于利用市场机制的交易方式，通常的理解主要是对交易成本的管控问题，这导致了从企业利益出发选择交易方式，而法商思维则是从多方权益安排出发进行资源获取方式的合理管控。具体而言，利用市场机制的交易从理论上说对所有企业获取资源的成本和风险都是相对公平的，但是事实上不同企业之间其结果却存在很大差异。究其原因可以看出：不同企业的资源竞争优势取决于基于效率与公平均衡的不同控制点，以及如何满足多方资源主体的合理权益安排。另外，现实过程中也存在利用非市场机制的交换方式来整合资源，比如，企业与权力机构、企业与政府、企业之间的非契约交换等，在这样的交换环境中，极大可能使不确定因素或主观因素给资源交换带来一定的风险。事实上，这些风险往往是有形资源之外的由无形资产或相关规则带来的潜藏风险。而法商思维提供了"资源+规则"的决策坐标系，可以对不同交换方式进行预判性分析，有助于把感性或侥幸的资源交换方式纳入理性或预设的管控资源方案之中。

第三，对资源"外部效应"的管控。经济学理论早已发现经济活动存在"外部效应"问题，即"未被市场交易包括在内的额外成本及收益"，也就是价格机制失灵的表现。[①] 而企业经营活动的外部效应往往产生"负外部性"，也就是把拥有或使用资源的部分成本转嫁给了企业组织之外，实际上这是企业不公平使用资源导致的诸多风险的"劣根"，说到底这仍然是资源的管控问题。尽管经济学中研究的外部效应问题对企业管理有很重要的理论和现实价值，但是在管理实践中很多企业却很少顾及外部效应可能蕴藏的巨大投机风险：一方面可能是由于相关规则不完善或规则执行不力所致，当然这主要是属于维护公共利益或公平环境的政府管控问题；另一

法商思维则是从多方权益安排出发进行资源获取方式的合理管控。

---

① 约瑟夫·E.斯蒂格利茨：《经济学》（上册），高鸿业等译，中国人民大学出版社1997年版，第493页。

方面可以发现经典管理理论和研究成果中几乎很少研究企业如何有效管理和克服外部效应问题，致使有些企业以投机心理转嫁应该付出的成本甚至狡诈地从"负外部性"攫取利益，比如，巧妙变换方式向外排污获利、侵犯他人权利生产假冒伪劣产品获利等。事实上，今天很多企业的经营风险甚至国家经济活动的风险都直接与资源应用的外部效应失控紧密相关，特别是那些负外部性酝酿的风险迟早会爆发并报复其投机行为。"赢三角"的战略架构基于权益的效率与公平均衡的决策思维，可以从管理的本质关系上有意识地把资源经营的"外部效应"问题纳入相关规则的范畴，从根本上改变经典管理重效率轻风险的资源管控问题。

（四）业务：价值增长

图 2 右边的斜边所表示的是用"价值增长"创新发展理念和实现业务持续增长。企业作为经济组织必须通过选择特定业务创造价值和实现增长，因此经典管理的"盈三角"也将其视为必备的三角形的一条边，但是它所指导企业经营的战略选择主要是以业务的财富价值增长为目的。随着社会文明发展的转型及对企业创造价值的深刻研究，在理论上和实践上已经开始超越或颠覆关于企业是创造财富价值的经济组织的认识。彼得·戈麦兹的《整体价值管理》一书的观点就很有代表性，他在书中指出 21 世纪的"企业战略领导新视野是进行整体价值管理"，他强调这种思维方式试图在"经济成就—环境可持续性—社会责任之间找到一种平衡"，并认为"整体价值管理把战略管理和财务管理结合在一起。主要目的不再是获取竞争优势，而是获取公司整体价值提高的新目标……关键不再是战略经营单位而是公司的价值潜力和核心能力。"[①] 彼得·戈麦兹的"整体价值"与法商管理"赢三

今天很多企业的经营风险甚至国家经济活动的风险都直接与资源应用的外部效应失控紧密相关，特别是那些负外部性酝酿的风险迟早会爆发并报复其投机行为。

---

① 彼得·戈麦兹：《整体价值管理》，王晓宜等译，辽宁教育出版社 2000 年版，第 11-12 页。

角"的战略思想基本吻合，他提出的企业整体价值是基于三种维度平衡的观点也与法商价值的三重价值平衡思想很契合。

"价值利润链"理论的提出和建构者詹姆斯·赫斯克特（James L. Heskett）、小厄尔·萨塞（W. Earl Sasser）、莱恩·史科莱斯格（Leonard A. Schlesinger）明确指出了企业价值的研究目标是"①使关系网中的价值最大化；②保证价值以公平的方式被分配"，并认为"价值一直位于所有有关战略和管理的重要思想的中心。……管理者们需要一个统一的以事实为基础的架构，来使用今天提出的许多管理概念，很多概念都是在缺乏系统性的证据基础上建立起来的"①。可以说，法商管理的"赢三角"正好适应了他们提出的以价值为中心的系统化的理论架构需求：在"赢三角"战略架构中表示的"业务：价值增长"表明：企业经营业务的战略选择、竞争优势和持续发展要坚持法商理念指导的"价值增长"战略决策。在上述分析中已经指出：企业需要追求"经济价值+治理价值+发展价值"三重价值构成的"法商价值"的整体最优和持续增长。由此也形成了这三种价值对应的法商价值观："用资源创造价值"；"用规则创造价值"；"用创新创造价值"。法商价值的三重价值及其三维互动可以用图3来表示。

企业需要追求"经济价值+治理价值+发展价值"三重价值构成的"法商价值"的整体最优和持续增长。

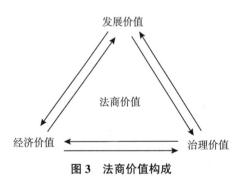

图 3　法商价值构成

① 詹姆斯·赫斯克特、小厄尔·萨塞、莱恩·史科莱斯格：《价值利润链》，刘晓燕等译，机械工业出版社2005年版，第23页。

以下对三种价值及其互动关系进行分析说明：

（1）经济价值：资源创造价值。经济价值对企业价值构成来说是最基础的价值，也就是企业通过资源的有效利用直接创造的财富价值。通常可以用一系列的财务数据来表示和评判，比如盈利能力、盈利质量、运营能力、财务弹性、偿债能力等，这一类价值也是企业决策者最关注和最重视的财务报表中"盈"的相关数据，这是任何企业都必须主张的经济价值追求目标。当然，在经典管理思想指导下，经济价值几乎就等同于企业的全部价值。在法商管理看来，经济价值尽管是企业活动最基础性的价值追求，但是经济价值主要反映的是有形资源层面的企业价值，随着对企业活动的价值规律的深入认识，需要挖掘影响并支配经济价值的潜在的治理价值和未来的发展价值。

（2）治理价值：规则创造价值。自 20 世纪 90 年代以来，国内外许多学者已经从不同角度探索了公司治理与公司价值的关系，主要探讨了决策机制、激励制度、股权结构、领导权结构、治理质量等对公司价值高低产生的作用。[①] 归纳这些研究者的不同观点可以得出最核心的结论，那就是：通过制度规则的制定和执行可以使企业产生不同的运营价值，也就是"规则创造价值"。因此，可以把治理价值界定为企业在经营过程中合理运用各种直接或间接影响企业成本和收益的相关规则产生的价值。这里所指的规则既包括企业组织内部制定和执行的相关规则，也包括企业经营环境中的相关市场规则、法规、政策及政府调控的相关措施等。由于治理价值在企业经营过程中具有无形性、潜在性、易变性等特征，使其很难在财务数据中直接表示，因此在经典管理中几乎看不到甚至未提及该类价值要素。然而，通过法商管理研究已经揭示了不同治理规则对企业直接或间接影响所形成的价值要

> 通过制度规则的制定和执行可以使企业产生不同的运营价值，也就是"规则创造价值"。

---

① 这些不同视角的观点在逻辑上都能够得出共同的结论：不同的治理将使企业的整体价值产生改变，因此治理过程必然能够产生价值。可以参考李维安等：《CEO 公司治理》，北京大学出版社 2011 年版，第 212 页。

素，它们也可以通过一系列的指标来表示和评判，比如：治理体系、激励机制、信息沟通、工作考评、利益相关者权利、社会责任等。国际上也有一些具有代表性的治理指数评价系统，比如标准普尔（S&P）、戴米诺（Deminor）等都提供了对企业治理价值定量测评的有效方法。

（3）发展价值：创新创造价值。企业的发展价值是从企业生命活力角度评价其健康的组织发展和持续的业务增长所形成的创新价值或潜在价值，这类价值中的创新机制及其行为积淀所形成的企业价值将决定其核心能力和溢价估值。詹姆斯·赫斯克特等研究的企业发展价值主要是从"战略价值观、价值利润链和客户价值等式"来揭示组织机制的活力所创造的价值。[①] 法商价值研究则是更全面地通过创新投入、创新产出、创新效益、创新组织机制、创新资源控制等定量指标进行发展价值的表示和评判。由于经典管理体系更关注的是企业财务的现值获取，因此发展价值也很难直接在企业的"盈"财务指标中体现出来。而法商管理的"赢三角"特别强调健康和持续的综合竞争力的"赢"，必然将"发展价值"列入企业的三大核心价值之一。

我们这里从法商价值的构成上分别对这三种价值的基本内涵和评判指标进行了简要的说明，如果用"效率与公平均衡"的法商思维对这三种价值导向进行深入分解，可以看到：经济价值偏重于效率追求，治理价值偏重于公平追求，而发展价值则两种追求兼而有之。可以肯定，三重价值的思维逻辑完全是由法商思维的价值追求决定的，因此能够把三种价值要素的综合构成界定为法商价值。当然，正如图3所示，三种价值相互间存在着互动和循环的作用，比如，任何极具经济价值的业务必然存在相应较大的规则风险，如果缺乏有效的治理必然增加成本或导致业务因失

（左侧旁注）经济价值偏重于效率追求，治理价值偏重于公平追求，而发展价值则两种追求兼而有之。

---

① 詹姆斯·赫斯克特、小厄尔·萨塞、莱恩·史科莱斯格：《价值利润链》，刘晓燕等译，机械工业出版社2005年版，第7页。

范而难以正常进行；同时，极具经济价值的业务必然也是市场竞争者的重点目标，如果缺乏持续的创新支撑也必然使其市场生命很快夭折。也就是说，今天我们基于特定业务对企业整体价值的认识，必须要系统地分析和战略地选择经济价值、治理价值和发展价值的综合最优。可以说，法商价值的相互关系及其作用决定了企业存在及发展的静态和动态的生命价值：经济价值享有今天；治理价值保障明天；发展价值拥有未来！①

经济价值享有今天；治理价值保障明天；发展价值拥有未来！

五、法商管理"赢三角"的洞察力

以上通过两种管理理念和两种战略架构的比较分析，已经能够概观法商管理"赢三角"自洽的理论逻辑和完备的思维架构。从认识论的视角或者库恩的范式分析来看，当一种理论思想及方法既能够解决已有理论及方法已经解决的问题，又能够解决已有理论及方法不能够解决的问题，那么这种新的理论思想及方法就是对已有理论范式的超越和升华，这就是科学革命或范式转换的根本逻辑。接下来，通过"赢三角"对现实中典型企业案例的透视和对新经济时代管理变革的剖析，可以进一步窥见法商管理独到的现实洞察力。

（一）法商管理透视典型企业案例

（1）关于"淘宝商城架构"的法商透视。毋庸置疑，阿里巴巴旗下的淘宝商城创新了流通模式，但是其在经营过程中却事端频出，社会和市场对淘宝商城也一直存在很多质疑，为什么会如此？究其根本原因可以发现，淘宝商城的创建初衷"让天下没有

---

① 成思危先生在生前曾经有句名言：经济解决今天的事情，科技解决明天的事情，教育解决未来的事情。本段文字也受他的启发，以注释说明特表敬意。

难做的生意",决定了其思维决策一定聚焦在"方便交易"的战略架构方面。结果在经营过程中不断暴露和频频出现有损诚信、公平、安全等的不良行为。阿里巴巴总部曾推出"提高保证金制度"的措施以遏制不良行为,但遭到很多电商店主的围攻和抵抗,阿里巴巴不得不宣布停止执行。为什么企业采用提高经济违规成本的经典治理手段行不通?此类经营事件的"症结"到底是什么?事实上,淘宝商城遭遇的不是单纯用经济手段可以解决的商业问题,而是应该采用法商思维才能够解决的"法商问题"。通过法商透视可以发现:①淘宝的管理理念和经营体系所折射出的是以追求"高效率交易"为宗旨,使其核心经营理念和战略架构建立在经典管理"盈三角"之上。②阿里巴巴为管控不良行为采用经典的经济制裁手段本来无可厚非,然而其却因单方面改变与电商店主事实上已经达成的初始合同条件,由此引发电商店主的强势抵抗最后迫使其不得不放弃执行;也就是说,阿里巴巴力图通过提高保证金遏制不良行为看似有理,然而却因单方面改变初始合同条件违背了市场契约原则涉嫌侵害电商店主的权利。深入分析将发现淘宝商城的战略架构存在逻辑漏洞:注重通过互联网整合资源以追求高效率的交易盈利,而建构之初就弱化了驾驭权益规则来管控不同参与者交易中的"法商风险"。[①] 事实上,很多企业的经营仍然只是善用经典管理的商业思维和经济手段,从淘宝商城的法商问题事件处理中应该有所醒悟和改变。

> 很多企业的经营仍然只是善用经典管理的商业思维和经济手段,从淘宝商城的法商问题事件处理中应该有所醒悟和改变。

(2)关于"宝万股权之争"的法商透视。宝能与万科股权之争在中国证券市场发展中必将成为经典案例,同样也值得对此进行法商透视及反思。在一年多"宝万股权之争"过程中形成了针锋相对的两派:一派观点是强调万科管理团队如何高效率地管理

[①] "法商风险"是法商管理发现和提出的新的风险类型。企业管理者都能够重视经济活动中存在的经济风险,现在也逐步对法律风险重视起来,然而最不容易发现和控制的是"法商风险",也就是经济变量和规则变量交织产生的风险。此处不赘述,将另文专门分析。

使万科成为全球最具竞争力的房地产领域的领导者，因此认为举牌的"野蛮人"是不能够接受的；另一派观点则认为不论管理团队如何优秀，只要举牌企业按照市场规则就可以入驻万科并按照股权比重行使改造万科的权利。在这里暂不对这两种观点进行正确与否的判断，但这两种观点似乎分别反映出要么强调"经济价值至上"的价值观，要么强调"治理价值至上"的价值观。从法商视角可以透视出：①经济价值的效率思维与治理价值的公平思维还分别存在于两派观点代表者的思维判断中。②开放的证券市场既要"玩资源"更要"玩规则"并没有被蜂拥而至追求上市者充分认识。如果深入反思，可以从中悟出两点警示：第一，企业战略需要高瞻远瞩的"愿景情怀"，更需要"权益为本"的战略安排；第二，企业领袖不仅要能够"整合资源"，更需要"驾驭规则"的超强能力。[①]

> 两点警示：第一，企业战略需要高瞻远瞩的"愿景情怀"，更需要"权益为本"的战略安排；第二，企业领袖不仅要能够"整合资源"，更需要"驾驭规则"的超强能力。

（3）关于"华为神话"的法商透视。如今，深圳华为集团的发展不仅在中国而且在世界已经成为一种神奇并演化成了"神话"，华为的成功秘籍和核心竞争优势是什么？尽管研究者或解谜者众多，但是法商透视也许能够独辟蹊径回归华为初心[②]：①"我们的目标是以优异的产品、可靠的质量、优越的终身效能费用比和有效的服务，满足顾客日益增长的需要"（赢的质量）。②"我们强调人力资本不断增值的目标优先于财务资本的增值目标"（赢的资本）。③"我们的目标是发展拥有自主知识产权的世界领先的电子和信息技术支撑体系"（赢的核心）。④"我们将按照我们的事业可持续成长的要求，设立每个时期的合理利润率和利润目标，而不单纯追求利润最大化"（赢的利润）。⑤"华为全体员工无论职位高低，在人格上都是平等的。……每个员工拥有

---

① 孙选中主编：《法商架构师的兴起：案例分析》，经济管理出版社 2017 年版，第 6 页。
② "华为初心"在华为公司发展早期确立的《华为基本法》中就能够窥见一斑。这里仅摘取了具有代表性的部分条款对比"赢三角"进行说明。当然，《华为基本法》还可以随着新时代的转型发展结合法商管理理论进一步升级凝练。

咨询权、建议权、申诉权与保留意见权"（赢的组织）。⑥"公司管理控制遵循分层原则、例外原则、分类控制原则、成果导向原则"（赢的管控）。如果要揭秘华为集团的成功"神话"，那么在其发展初期就能够在《华为基本法》中透视出所有"赢三角"的法商理念和权益安排，因此铸就了华为经济价值、治理价值、发展价值整体最优的法商价值。当然，随着经营环境的改变和华为升级发展的需要，华为的法商价值还有待提升。

随着经营环境的改变和华为升级发展的需要，华为的法商价值还有待提升。

（二）法商管理破解新经济时代

人类社会已经进入新经济时代，① 也就是指全球范围内的经济形态正在产生"一体化""网络化""大数据""平台型""共享性""真实性"等具有时代特征的空前变革。法商管理思想和战略架构如果能够解释这种新经济时代背景下的企业发展问题并指导企业变革升级，必将有望成为新经济时代的管理智慧和战略指南。

（1）新经济时代的"合作竞争"。如今，企业单独经营的格局正在被打破，出现了"一体化经营""网络化联盟"等，形成一个企业的决策将直接或迅速地影响其他企业决策的新局面，因此，新经济时代最重要的特征之一就是"合作竞争"正在取代过去单一企业与企业之间的竞争。"以合作求竞争，就是要让企业走出孤立交易的小圈子，进入相互影响、相互作用的联合王国，获得竞争优势。……其竞争优势表现在通过建立联系实现互利而创造的价值上。"② 这是专门研究企业联盟和网络企业的肯尼斯·普瑞斯

---

① 这里所称的"新经济时代"主要是指全球范围内的新经济变化，这与我国的"新经济"有联系，但是更主要的还是存在"时代"特征和范围的区别。我国的"新经济"主要是指我们经济发展的形态已经进入降速发展、结构调整和创新主导的变化，当然我国的"新经济"也会与全球"新经济时代"产生相互影响。

② 肯尼斯·普瑞斯、史蒂文·L. 戈德曼、罗杰·N. 内格尔：《以合作求竞争》，武康平译，辽宁教育出版社1998年版，"序言"，第1页。

（Kenneth Preiss）、史蒂文·L. 戈德曼（Steven L. Goldman）和罗杰·N. 内格尔（Roger N. Nagel）三位作者在《以合作求竞争》中的核心观点，他们的观点能够充分说明企业进行合作竞争是因为存在着互利的动机和互补的资源。

　　然而，有互利的动机和互补的资源就能够形成合作竞争优势吗？实际上，还需要探讨：合作竞争产生优势的前提是什么？选择合作竞争的思维逻辑依据又是什么？法商管理"赢三角"能够从逻辑上给予说明：①合作竞争产生优势的前提是当所有参与者的"权益"能够互利分享即合作共赢时，所有相关个体就会积极加入。②合作竞争产生优势的逻辑依据是通过合作的资源互补能够提高整体效率。也就是说，合作竞争优势的前提和依据就是运用"效率与公平均衡"的思维对参与各方的"权益"进行合理安排，这样将使各方不仅积极参与而且能够在整体上提高资源利用效率；否则，不仅很难甚至不可能产生合作竞争优势，还有可能降低资源利用效率或增加合作竞争的成本，以至于导致"1+1<2"的结果。由此可以说，新经济时代的合作竞争在本质上就是法商管理的"赢三角"战略架构。

　　（2）新经济时代的"共享经济"。新经济时代另一个显著特征就是"共享经济"的迅速发展，今天的企业决策者不了解或不参与共享经济就将被新经济时代所抛弃。由于共享经济存在"乐于分享""低成本体验"及"自觉守则"的内在逻辑脉络，因此，共享经济的商业模式及其所需要的管理理念已经远远超越了经典管理"盈三角"所能够解释或企及的范围。

　　共享经济商业模式与法商管理"赢三角"是否存在逻辑的一致性？对于如何建构共享经济模式已经有一些研究成果，但是无论理论界还是应用领域都推崇被誉为共享经济鼻祖 Zipcar 创始人罗宾·蔡斯（Robin Chase）所总结的共享经济商业模式创新的四个阶段：①控制内核，重建新规则；②欢迎人人参与，激发个体

新经济时代的合作竞争在本质上就是法商管理的"赢三角"战略架构。

的能量和力量；③权力失衡，打破原有格局形成新的竞争；④权力均衡，不断调整维持权力胶着的局面。如果用"赢三角"解剖这四个阶段的逻辑主线，可以重新界定为：改变权益规则；吸引乐于分享者参与；使原有权力中心失衡；建构开放均衡持续发展的新系统。因此，可以看到共享经济模式的架构与法商管理"赢三角"的内在逻辑十分吻合。

另外，共享经济中的"人人参与""人人共享""整合资源""改变规则""权利均衡"等，从经济活动的本质关系上来看都是"赢三角"中的"权益安排""效率与公平均衡""资源+规则"等范畴的经济行为表现，这是"将保持均衡的理念贯穿于构建人人共享组织的始终，将新的共享经济体看成一个整体，这预示着我们正转变为一个为人们提供更多力量、更高满意度、更多平等，进而更具持续性的经济体"[1]。这样的共享经济创新商业模式就是法商管理主张的由依靠集中的权力获取财富的"盈"模式，转型升级为效率与公平均衡的权益共享的"赢"模式。

（3）新经济时代的"平台组织"。新经济时代的另一个显著特征就是传统科层制的层级组织越来越扁平并可能大范围地转向"平台组织"。"互联网时代最成功的领导者是那些懂得如何创造平台并快速发展平台的人。所谓平台，从本质上来说就是一套能够吸引供应商及用户群，从而形成多边市场的产品或服务。"[2] 根据管理过程承担着如何有效调整各种经济活动要素来看，经典管理更适合调整科层制的层级组织，它是通过内部权力中心的层层监督来降低资源配置成本，正如罗纳德·H. 科斯（Ronald H. Coase）所指出的那样："在企业之内，复杂的市场结构连同交换交易被企业主这种协调者所取代，企业主指挥生产。"[3] 然而，互

> 共享经济创新商业模式就是法商管理主张的由依靠集中的权力获取财富的"盈"模式，转型升级为效率与公平均衡的权益共享的"赢"模式。

① 罗宾·蔡斯：《共享经济：重构未来商业新模式》，王芮译，浙江人民出版社2015年版，第106页。
② 埃里克·斯密特、乔纳森·罗森伯格、艾伦·伊格尔：《重新定义公司：谷歌是如何运营的》，靳婷婷译，中信出版集团2015年版，第58页。
③ 罗纳德·H. 科斯：《企业的本质》，孙选中：《现代企业导论》，中国政法大学出版社2004年版，第11页。

联网重构了管理过程中的各种要素的复杂关系，将形成的多边市场组织变得简单化、平台化，这使得经典管理失去了层级组织集中管理的效能。当然，由此也使我们产生了新的思考：科斯曾经通过交易费用研究界定的企业组织边界，在互联网助推的平台组织中是否仍然适用？

新经济时代中的合作竞争、共享经济和平台组织在管理的本质关系上具有一致性，它们都是在重构各种参与主体的"权益"规则，通过简单化、标准化和易参与的这套规则，可以把不均衡的资源配置、未充分利用的资源或者分散的过剩产能，通过搭建平台使"人们可以联合起来释放出隐藏在过剩产能中的价值：资产、实践、专业知识以及创造力等"①。因此，"赢三角"的"主体权益""管控资源""规则价值"等法商理念能够指导和架构企业发展所需要的任何"平台组织"。

六、结论与思考

纵观社会文明发展过程，任何思想认识及理论研究的进步演化都反映出思维度的深邃和解释力的增强。新的思想或理论既可以引经据典进行宏大论证，也可以透视现实而抽丝剥茧，但都应该在理论逻辑上遵循简单性原则：从问题的源头用创新思考的理论层层剥离，用逻辑清晰的语言娓娓道来，检验其理论意义和实践价值关键在于是否开启心智并深入实用。如今管理研究领域各种理论林林总总，是否能够提炼简单明了的创新理论架构？法商管理"赢三角"能够充当这样的进步理论吗？这是新时代对新管理思想的期待，也是研究者孜孜以求20多年来的探索初心！

---

① 罗宾·蔡斯：《共享经济：重构未来商业新模式》，王芮译，浙江人民出版社2015年版，第51页。

回顾经典管理思想，它使人们认识到管理的价值在于提高工作效率，企业的价值在于最大化地创造财富，基于此，企业创建者和管理者自觉不自觉地使"盈三角"如芯片一样被植入他们的心智之中；以此指导其管理，他们有很多成功却又经常戛然而止，他们也有很多困惑时常缠绕着挥之不去……还好，法商管理用独特视角重新发现管理的本源问题：管理必须做到效率最大化和风险最小化——这是从管理的本质上找到了克服失衡的"重资源效率轻规则风险"的经典管理"盈三角"的病灶。经过长期理论探索和方法凝练，法商管理已经结出了核心理念的成果："权益为本""效率与公平均衡""资源+规则""健康持续""法商价值"等，用这些核心理念的精髓孕育孵化出"赢三角"的战略架构。伴随着新经济时代企业变革升级、社会文明发展和构筑"命运共同体"的愿景，我们有理由相信：法商管理及其"赢三角"战略架构将提供新的解决方案和新的管理智慧！

为了使法商管理真正能够担当起新时代的管理使命，法商管理需要在理论体系构建和管理实践指导等方面进一步深化拓展相关研究工作：

其一，法商管理能否成为新的管理"范式"？①需要在理论研究上深挖源远流长的管理思想。比如，东方管理思想抽象的"气"、西方管理思想精确的"场"、中国传统文化中的"太极思维"等与"法商""权益""效率与公平"存在怎样的逻辑关系？②进一步凝练具有管理价值的概念范畴。除了在"赢三角"中已经直接界定的范畴外，"健康财富""企业体征""组织病灶"等能否成为新管理的概念范畴？③逐步成为管理共同体的通用范例。这就需要完善"权益管理观""法商价值体系""赢三角"战略架构等，使之成为管理共同体通用的共识观念和主导的分析工具。

其二，法商管理能否成为社会发展的"文明坐标"？社会文

管理必须做到效率最大化和风险最小化。

有理由相信：法商管理及其"赢三角"战略架构将提供新的解决方案和新的管理智慧！

明发展通常是指物质财富和精神文化相互作用不断提高整体水平的过程，具体进程是通过一些标志性的既关联又冲突的矛盾因素来推动：比如，社会发展的内在动力在于"分工与合作"；社会经济的稳定运行在于"市场与政府"；社会进步的形态更替在于"创新与治理"；等等。对比法商管理核心思想和"赢三角"战略架构，可以发现：分工与合作、市场与政府、创新与治理都是"效率与公平"的文明状态；物质和精神的整体水平也反映了法商价值的"权益"获得感及满足程度；一个社会如果"效率与公平"失衡必然带来不稳定，如果基本"权益"不能够获得满足文明就很难真正进步；社会文明发展的坐标不能够仅仅是经济发达的"盈"，而应该是全面实现美好生活的"赢"！

2017 年 12 月上旬初稿

2017 年 12 月下旬修改

2018 年 1 月再修改

一个社会如果"效率与公平"失衡必然带来不稳定，如果基本"权益"不能够获得满足文明就很难真正进步。

开创法商管理新时代

——关于法商管理问题的思考与探索

摘要：所谓"法商管理"，主要就是在经商和法治的价值观及其方法论的相互作用下，合理实现企业目标的管理过程。本文就法商管理的五个核心问题——"法商管理时代""法商管理领域""法商管理学科""法商管理教育""法商管理范式"进行了多层面、多角度的思考和探索。

今天我们正处于大变革的时代，这必然导致人们从现实社会活动到思想意识都将发生改变。相应地，影响及指导我们进行企业经营活动的管理思想和理论也将产生新的变革。其中，在我国最突出和最重要的管理变革将是企业基于一般管理学或已有管理理论的管理正在转变为适应新时代要求的新的管理——法商管理。

所谓"法商管理"，就一般意义来说，与我们熟知的传统管理和现代管理理论在价值观和方法论层面都有所区别。简单而言，法商管理主要是在经商和法治的价值观及其方法论的相互作用下合理实现企业目标的管理过程。立足于今天的变化环境和展望未来的管理变革，我们可以断言：法商管理的新时代已经到来！如何对法商管理加以认识和把握，我认为应该对以下关键问题进行深入思考和全面探索。

问题之一：如何认识"法商管理时代"

人们在社会发展过程中的认识改变或新的理论建立都是一定的社会现实变化在人们意识中的反映。今天，我们的社会环境和经济活动正在并已经产生了巨大的变化，这必然导致人们对新时代的管理理念和管理理论进行新的思考和探索，通过对与企业经营活动直接相关的以下重要变化的思考，我们可以窥见法商管理新时代正在产生并将成为人们的共识。

1. 计划经济与市场经济

计划经济的特点是企业听命于政府指挥或遵从于计划指令的经济活动，企业的管理是丧失自主经营权利而被动执行政府和计划的安排。从根本上说，计划经济并不存在真正意义上的企业经营管理。而市场经济是企业受市场机制调节和引导，基于市场规则的自主经营活动。尽管我国建立社会主义市场经济的探索已经过去了许多年，但是，我们很多企业的管理实践和经验总结或隐或现地表明企业成功的关键在于"主管政府"。

这里，我们暂且不论我国市场机制还不健全或政府权力过于集中等制度性问题，但至少可以看出，我们很多企业的经营管理并未超越其所熟悉的计划体制的管理机制，并自觉不自觉地仍然沿用或依靠传统计划管理的方式。这样的现实不能不说是我们真正建立市场经济的一个很大瓶颈，因为实际上企业并不能真正依照市场游戏规则来经营。可以断言，只有当企业的有效管理和持续发展从根本上依靠市场运行规则和自主经营权利，才能真正突

从根本上说，计划经济并不存在真正意义上的企业经营管理。

破这个瓶颈，而这样的转变对企业管理而言就是转变为法商管理，因为法商管理既能保障企业经营权的合理运用，又能从根本上改善企业经营模式和市场经营环境。

2. 经验管理与科学管理

从企业经营管理的发展历程来看，企业大都经历了从完全依靠经验的管理转向科学管理，或以科学为主导经验补充的各种现代管理。狭义的科学管理应该是以泰勒创立的"科学管理原理"为标志，其本质是把活动过程标准化和把管理过程制度化。今天，我们从广义的角度来认识科学管理，实际上就是强调基于各种活动的基本联系或内在规律进行的经营管理活动，其本质的内涵是指以基本规则为指导的经营管理活动。

然而，我们今天很多企业仍然是以经验为主导或基于经验的管理。尽管经验管理有许多可取之处并对经营活动具有一定的指导作用，但毕竟经验带有很大的主观性和易变性，使企业的经营容易以人的意志为转移，企业难以稳定和持续地发展。现代的科学管理是对传统经验管理的扬弃，它把有益的经验固化到一定的规则之中，能够合理地规避经验决策或管理的主观性和易变性带来的风险及成本。而这正是法商管理的要义，它把经商的智慧和法治的规则有机地加以整合，真正吸纳了"刚柔相济"的管理精髓，毫不夸张地说，法商管理是适应新时代变化的更高境界的创新管理。

3. 本土经济与全球经济

"本土"与"全球"虽然仅仅是地域概念，但是基于这种不同地域概念的社会组织和人类活动，已经产生了根本的改变，"全球化并不仅仅是政府、企业和个人相互交流的方式，也不仅仅是机构间相互影响的方式，它意味着新的社会、政治和商业模式的出现。"[①] 因此，本土经济与全球经济的更替也必然导致管理

---

① 托马斯·弗里德曼：《世界是平的》（第2版），何帆等译，湖南科学技术出版社 2006 年版。

(边注) 法商管理既能保障企业经营权的合理运用，又能从根本上改善企业经营模式和市场经营环境。

(边注) 法商管理的要义，它把经商的智慧和法治的规则有机地加以整合，真正吸纳了"刚柔相济"的管理精髓。

机制的根本变革。

我国企业在本土经济背景下具有长期积累的经营经验和人脉关系的优势，但是，一旦接触和参与到全球经济活动中，很多企业曾经拥有的这种优势便不复存在，甚至使某些曾经在本土经济背景下身经百战、屡战屡胜的企业丧失了经营智慧和竞争力。正如罗兰贝格管理咨询公司在《中国企业全球化白皮书》（2012）中所分析的，"由于国内市场的特殊性，许多中国企业的国内运作经验往往成为其海外经营决策的负资产，中国企业正陷入本土困境。管理者与企业的意识思维与经营能力仍完全为适应国内特殊经济环境需求而打造，无法与全球化的竞争需求实现全面对接。"[1] 是什么"魔咒"致使我们这些企业的辉煌戛然而止？究其根本原因是全球经济新的商业模式使我们的经验和关系不灵验了，因为全球经济更讲究法商智慧，而这正是我国绝大多数企业和企业家经营的"软肋"。

4. 整合资源与整合规则

按照传统的管理思路和程序，企业的经营活动主要是设法获取和配置相关的资源，因此企业管理者的首要任务和履职能力就是整合资源。迄今为止，我国很多企业的管理者仍然把整合资源的能力视为最重要的核心能力，常常把自己几乎所有的精力和有限资源都下赌注似的押在了寻求或整合特定的资源过程中。这样的管理行为或管理决策虽然在特定条件下有其必要性，但是，如果从长计议或理性地分析，我们会发现：往往耗费极大精力或成本整合而来的资源价值或其实现的目标效益会因某种游戏规则的改变而迅速变更。也就是说，传统经济学和管理学以基本资源为经营活动根本前提的假设正在被以"资源+规则"为根本前提所取代。

---

[1] 罗兰贝格管理咨询公司发布的《中国企业全球化白皮书》（2012），第9-10页。

全球经济更讲究法商智慧，而这正是我国绝大多数企业和企业家经营的"软肋"。

传统经济学和管理学以基本资源为经营活动根本前提的假设正在被以"资源+规则"为根本前提所取代。

今天看来，仅仅有整合资源的意识和能力是远远不够的，因为影响资源整合效益甚至决定资源整合价值更为重要的"整合规则"的能力，已经成为今天的企业经营活动及其管理者获得优势和取得成功的关键因素。据此而言，今天的经营管理者不仅要能够整合资源，还要能够整合规则，而这样的能力在传统的管理意识和经营体系中是不可能"修得正果"的，只有通过法商管理的锻造才可能得以具备和显著提升。

今天的经营管理者不仅要能够整合资源，还要能够整合规则。

以上计划经济与市场经济、经验管理与科学管理、本土经济与全球经济、整合资源与整合规则四个方面的变化可以充分地说明，新的变化环境正在迎来新的管理时代。由于这些变化从本质上要求新的管理都必须将经商与法治相结合，因此可以说，法商管理的时代已经到来。

问题之二：如何分辨"法商管理领域"

按照认识论的观点，一种新的理论和方法应该建立在独特的研究问题和探索领域之上，它既能够解释和解决已有理论及方法已经解释和解决的问题，又能够解释和解决已有理论和方法没有或不能解释和解决的问题。因此可以说，法商管理所探讨的问题既可能解释和解决已有管理理论的问题，又可能解释和解决它们不能解释和解决的问题，即法商管理将在原有管理基础上拓展管理的问题，探索新的管理领域，我们通过对以下问题的思考和研究就能够分辨出法商管理领域的不同视角及不同管理。

1. 企业管理与公司治理

在传统的管理领域里，企业管理主要是对企业组织的运行进行计划、组织、领导、控制等职能管理。这种管理的前提在于企业是一个营利性的经济组织，所以这些职能管理的目的就是设法实现其效益最大化。这样的管理过程对我国绝大多数企业而言是驾轻就熟的，因此在这样的管理过程中，企业领导者都能够按照岗位职责发挥自己的领导作用。然而，公司治理的前提却在于公司是一个法人治理结构，通过内在的制衡机制追求如何实现股东利益最大化和客户价值极大满足。这样，在公司章程中就会要求所有领导者和管理者都要自觉按照制衡的治理机制发挥自己应有的作用。

如果对企业管理和公司治理的前提及运行机制进行比较，就会发现：同样的管理者角色在企业管理运行中与在公司治理运行中所发挥的作用及拥有的权利是有所区别的，这种区别从本质上来看就是"自然人"的经营价值观与"法人"的经营价值观的区别。对我国很多企业来说，虽然已经建立起了公司制度，但是，其经营管理者从管理理念到管理方法几乎还停留在传统的企业管理状态中，并未真正转变到公司治理的法人运行机制中来。这充分说明我们的很多企业管理者缺乏以公司法和公司章程为运行准则的意识和能力，说到底，即缺乏"法人"的经营意识和理念，这也是我国很多企业屡屡在公司治理中出问题的根本原因。

2. 资源管理与契约管理

当谈及企业管理应该重点管理什么问题时，目前我国绝大多数企业经营者都会把资源管理放在企业管理头等重要位置上。其缘由主要是：一方面，企业离开经营资源就只是一个"空壳"，因为企业生存和发展的基础须臾离不开资源；另一方面，就我们长期在计划经济背景下形成的非交换而直接从政府或供应商那里获取资源的运行机制，使企业的管理重心完全围绕资源而展开。

但是，在今天看来，把管理的重心仅仅放在资源管理上是短

同样的管理者角色在企业管理运行中与在公司治理运行中所发挥的作用及拥有的权利是有所区别的，这种区别从本质上来看就是"自然人"的经营价值观与"法人"的经营价值观的区别。

市场经济背景下企业所需要的所有资源都是通过一定的交换方式取得的，而所有的交换都是由调节供需双方关系的契约决定的。

视和片面的，因为在市场经济背景下企业所需要的所有资源都是通过一定的交换方式取得的，而所有的交换都是由调节供需双方关系的契约决定的。因此，今天企业管理者履行的管理职能绝不仅仅通过资源管理来体现，最重要的是要具备建立交换关系、履行交换关系和维系交换关系的履职能力，否则，企业的资源管理也难以实现和维系。而这样的管理就是在新的背景下要求企业管理者不仅以资源管理为职能，还必须适应市场交换的机制、掌握并履行契约管理职能。

3. 竞争市场与把控标准

今天我们已经逐步从过去的计划经济向市场经济转变，同时我们的企业也开始适应市场运行中"优胜劣汰"的竞争规则，所有的企业不论从理念还是从行为上都自觉地把竞争作为其生存和发展的不二法则。但是，我们可以明显地看到，很多企业在市场竞争中都把竞争的目标锁定在市场销售额、市场占有率等体现竞争实力的指标上。事实上，这样的竞争境界是不适应今天迅速变化的经营环境的，其原因主要有：其一，从本质上决定市场地位的既不是销售额，也不是占有率等指标，而是确立市场性质和本质的规则或标准。其二，我们所能够看到或统计出的任何市场指标，往往是建立在特定的规则或标准之上。也就是说，这些指标都将随着规则或标准的改变而改变。其三，如今要撬动和维系一体化和国际化的市场，其根本的"支点"一定是建立在特定的规则或标准之上的。因此，竞争市场固然重要，但是把控标准在今天看来更显重要。而要达到这样的管理境界，唯有法商智慧方可实现。

如今要撬动和维系一体化和国际化的市场，其根本的"支点"一定是建立在特定的规则或标准之上的。

4. 商业风险与法律风险

基于人们所熟悉的管理视角，对于任何管理者而言，降低或规避经营中的商业风险是必然的要求，也是衡量评价一个管理者是否称职的最大的权重指标。因此，传统的管理几乎都是围绕如何降低商业风险、提高经营效益而展开的。例如，一个投资项目的决策，一定要进行投入产出的商业可行性分析以便做出最终决策。但是，现在看来，过去一直坚持和行之有效的管理决策如今已经不再发挥作用了，究其原因，如今管理决策的风险已不再是仅仅降低或规避商业风险就能够避免的，根本原因是法律或规则作为一种重要的决策变量，正在改变过去决策中的变量构成及其对决策效益的影响。鉴于此，今天的任何经营决策必须把法律或规则作为决策的重要变量与商业变量一起进行决策分析。如今，越来越多的经营案例表明，更大的潜在经营风险往往不一定是在商业变量上，而是在法律变量上。因此，法商管理就是把商业风险与法律风险有机结合的决策指南，它将改变企业的决策运行机制和管理分析方法，从根本上保证企业的经营效益和持续成长。

今天的任何经营决策必须把法律或规则作为决策的重要变量与商业变量一起进行决策分析。

总之，我们从企业管理与公司治理、资源管理与契约管理、竞争市场与把控标准、商业风险与法律风险四个方面对法商管理领域进行探析。可以看出，法商管理与传统管理领域有很大不同，它更能够适应今天新的管理要求，并解决和拓展了管理的问题及领域。

问题之三：如何建设"法商管理学科"

面临新的法商管理时代，我们应该如何建立新的法商管理学科以实现新时代对新学科的呼唤？这必然是开创法商管理新时代的重要理论支撑和创新法商管理实践的重要认识基础。关于法商管理学科的体系，我认为应该从以下四个层面来建设：

1. 商学知识与法学知识

法商管理需要的是知识层面的融合，这就要把商学的知识模块与法学的知识模块有机地整合。在现有的学科体系中，商学与法学分属于不同的门类，其学科发展分别由自身学科的需要而提出和延伸。尽管这样可使其学科自身具备体系化和完备性，但是对现实经营和管理问题的解释或解决却常常各执一词，这将在客观上阻碍对现代综合性管理问题的思考和解决，既不利于目前的管理学科发展，也不利于新时代的管理实践。

我们提出法商管理在知识层面的融合。首先，这样的融合是以相似或相同的管理对象为出发点，例如，以公司运作为对象，就需要整合组织管理与公司治理的法商知识；以人力资源管理为对象，就需要整合人力资源管理和劳动法等相关法商知识；以知识资源管理为对象，就需要整合知识产权战略和知识产权法等相关的法商知识；等等。以管理对象为出发点思考和应用相关法商知识的管理过程，既能够改变传统的商业管理模式，又能够促进新的法商管理交叉学科的建设。

2. 效率思维与公平思维

法商管理在知识层面的融合有助于开拓新的交叉知识领域，在此基础上，更重要的是能够在思维层面上融合。众所周知，企业经营活动都是以经济效益为目标，其追求的是资源利用效益最大化、投入产出效益最大化、股东利益最大化等，这些"最大化"的追求形成了企业经营活动的思维定式——效率思维。如果单纯将企业作为一个经济组织来看，一切以"效率"为准绳的思维方式似乎是天经地义的，然而，我们从以下方面重新审视企业经营活动，则会发现单纯的效率思维并不是企业经营活动有效性及其价值创造的绝对准绳。

今天，我们关于企业经营活动的思考已经形成了新的视角：

法商管理需要的是知识层面的融合，这就要把商学的知识模块与法学的知识模块有机地整合。

其一，企业存在的基本价值取决于它能够为用户提供怎样的价值，企业必须为顾客着想并为顾客创造价值，其与顾客都是公平的价值交换主体。其二，企业作为输入资源和输出价值的社会组织系统，其经营活动是在社会大系统中得以循环，因此从经营活动的本质上就包含承担公平的社会责任的使命。其三，企业持续发展问题是今天审视企业成长性的核心价值观之一，这是把生命意识引入企业的健康成长的理念中，无论是可持续还是健康成长的企业经营理念，都与单纯追求经济效益和效率的思维是大不相同的。基于这样的新视角，我们需要的是效率思维与公平思维相融合的新的思维方式，而这样的思维方式正是以效率为重心的经商思维方式与以公平为重心的法治思维方式的融合，也是从思维层面上建立和形成法商管理学科。

> 把生命意识引入企业的健康成长的理念中，无论是可持续还是健康成长的企业经营理念，都与单纯追求经济效益和效率的思维是大不相同的。

3. 商业文化与法治文化

如果从文化学的角度进行透视，商业经营活动以追求效率最大化为核心价值观形成了相应的管理体制和机制，在此基础和前提下又产生出各种不同的生产、交换、消费等经济活动及其物化的经营物。这样，从价值观到管理体制和机制，再到物化表现的经营管理活动的结构，形成了独特的商业文化。同样地，法治活动过程以追求公平为核心价值观形成了相应的法治体制和运行机制，并基于此产生或固化了人们秩序化和规范化的社会行为及其社会运行方式，由此我们也可以窥视出以公平为核心价值、以规制为行为原点、以秩序为行为表现的法治文化。

> 以公平为核心价值、以规制为行为原点、以秩序为行为表现的法治文化。

如果用传统的观点来审视这两种文化，似乎它们存在很多的不相容抑或是冲突，例如，"效率"与"公平"的价值内涵就一直难以相融；"百花齐放"的商业活动与"整齐划一"的法治活动也难以统一；等等。事实上，正因为人们在认识上和实践中的人为割裂才酿成了企业经营活动特别是由很多企业的决策所带来的片面或短视的结果，甚至在文化层面上与现代社会文明的冲突。因此，法商管理学科的建设不仅要在知识层面和思维层面建立经商与法治的互动结合，而且更要深入文化层面实现其价值观、运行机制和行为效果的有机结合和高度融合。

4. 经商智慧与法治精神

一种学科的价值不仅仅是提供了关于认识对象的知识、解决问题的方法和影响行为的文化，更重要的是其将凝聚智慧和铸就精神。毋庸置疑，传统的经营管理提供了丰富的经营经验，其中很多经验成为传世精髓甚至是经商智慧，我国在过去和现在的很多"经营大师"都给我们的经营宝藏增添了很多智慧之方，足以给人以启迪。但是，我们细细梳理就会发现，这些"智慧之方"很多源自于"胆识+机会"的经营过程，而非"法治"经营背景，所以，在今天市场经济的法治运行的轨道上，简单地效仿过去成功的"智慧之方"必然存在极大的风险。我们要建立的法商管理学科，就是要把传统的经验与现代文明社会的法治精神相结合，重塑现代文明社会背景下的经营价值体系，通过把经商智慧与法治精神有机整合，从信仰和精神层面铸就法商管理之魂。

> 把传统的经验与现代文明社会的法治精神相结合，重塑现代文明社会背景下的经营价值体系，通过把经商智慧与法治精神有机整合，从信仰和精神层面铸就法商管理之魂。

以上我们从商学知识与法学知识、效率思维与公平思维、商业文化与法治文化、经商智慧与法治精神四个层面对法商管理学科进行了多层次的勾勒，如果这些层面的问题都能够得以认识和解决，那么法商管理就能够开创出从理论到实践的管理新时代。

问题之四：如何创新"法商管理教育"

法商管理要实现新时代的管理变革，最重要的是要造就具有法商智慧的新时代管理者。要实现这样的人才培养目标，就必须转变我们过去以及现在还沿袭的一些固有的商业管理教育模式。在这里，我们仅借用教育具有的最基本的"传道、解惑、授业"的功能，对传统经商教育存在的问题和法商管理教育的新特点进行对比分析和说明。

1. 传"商道"与"商道+法则"

教育的基本功能之一被概括为"传道"，我们现有的对企业经营者的传道教育往往被誉为传授"商道"。审视现有教育体系中培养企业管理者的所谓"商道"，可以通过相关的培养计划和培养模式进行透视。当审核目前绝大多数企业管理教育的培养计划和培养模式时，我们发现这些培养计划和模式对经营管理者的培养包括理念系统、经营流程、管理方法、工作对象等经营管理活动的核心素质，其培养几乎都是在狭隘的"经商"的价值观和方法论的指导下进行的。因此，其培养的企业管理者只能够"在商言商"，即只以追求经济利益最大化为己任。如前所述，这样的培养计划和培养模式与我们今天企业的经营方式转变和国际化发展是极其不相称的。

综观很多曾经非常成功的企业经营案例会发现，成功经营者大多具有很丰富的经营经验与个人魄力和胆识，他们的商业智慧和能力是令人望尘莫及并赞叹不已的。然而，很多这样的经营者和成功企业却在一夜之间轰然倒下，究其缘由可以看到，这样的案例几乎都暴露出了一个共同的问题，那就是虽然深谙"商道"，但他们乏于掌握影响甚至支配商道的"法则"，这致使企业突然倒下。而我们的法商管理教育就是要揭示"商道+法则"之现代经营之道，改变传统狭隘的所谓"商道"的经营管理教育。

2. 解"商经"与"商经+法镜"

人们通常把经营成功的特定经验誉为"商经"或"秘籍"，即这是最有效的成功诀窍，甚至认为这些商经或秘籍只能私授不

法商管理教育就是要揭示"商道+法则"之现代经营之道，改变传统狭隘的所谓"商道"的经营管理教育。

能外传，所以这些成功诀窍往往被披上了神秘的"外衣"。事实上，在经营过程中的确有特殊的解决问题或获取较大盈利的"商经"，任何的商经或秘籍固然能够获取特别的利益，同时，这样的行为也将积累相对较大的风险，因为凡"商经"之类的秘籍总是与普适性的行为有所不同，其中最大的不同就是这样的行为不按普适性的规则行事，因此就会面临特别的风险。从法商管理的角度来看，并不排斥商经的特殊作用，关键是要对特定的商经用直接或间接的规则及相关的法律来对照或检查，以便最大限度地规避可能导致的法律风险，或事先就对可能的风险做出预案，对其风险成本做到心中有数，避免因风险突然而至可能导致的措手不及或衰败。这种事先用规则或法律来进行对照或检查的方式就如同用"法镜"来照射"商经"，使潜在的风险能够得到有效的控制。

3. 育"商人"与"商人+法人"

一方面，我国过去的经营是在计划体制背景下进行的，就是今天也没有真正建立起市场经济的经营环境；另一方面，已有的商经教育主要注重的是培养经营者的个人经营本领。这两个方面因素的作用，使得我们已有的商经教育注重的是培育"商人"，即主要是依靠个人的胆识和能力驰骋商场并实现经营目标。而在市场经济逐步完善和国际化经营背景下，最需要的是"组织化"的经营管理者，他不是主要依靠自己的胆识和技能来管理，而是善于通过建立和运用规则来协调组织特定的机构实现经营的目标。这种经营管理者的素养是"商人+法人"的综合素养，这种综合素养只有通过法商管理教育来实现。因此，我们法商管理所培育的就是具有法商智慧的也即"商人+法人"的新时代管理者。

基于以上关于法商管理教育的思考，特别是结合在法商管理

（边注） 事先用规则或法律来进行对照或检查的方式就如同用"法镜"来照射"商经"，使潜在的风险能够得到有效的控制。

（边注） 经营管理者的素养是"商人+法人"的综合素养，这种综合素养只有通过法商管理教育来实现。

教育方面的一系列探索和实践，我们初步形成了法商管理教育的
理念体系和培养模式：

　　法商管理的历史使命：开创法商管理新时代；

　　法商管理的培养目标：培养具有法商智慧的新时代管理者；

　　法商管理的教育理念：精商明法，敏思善行；

　　法商管理的行动指南：特色、品位、价值；

　　法商管理的人才特征：讲政治、懂法律、有思想、善经营。

问题之五：如何形成"法商管理范式"

　　法商管理是我们基于传统和现代管理理论及实践而探索和建
立的适应新时代要求的新型管理，这种探索对我国企业转变发展
方式和克服国际化发展的瓶颈具有现实的应用价值，同时，对管
理学新思想和新理论的建构也具有重要的理论价值。法商管理能
否成为企业界和管理学界的新共识？从科学革命理论的观点来
看，能否成为管理学理论的一种新的"法商管理范式"？① 我认为
应该着重从以下两方面进行不断的思考和探索：

1. 科学解释力

　　从认识论的角度来看，一种理论和方法能够超越或取代另一
种理论和方法，是因为新的理论和方法不仅能够解释和解决已有
理论和方法已经解释和解决的问题，还能够解释和解决已有理论
和方法不能够解释和解决的问题。仅就这一视角比较法商管理与
已有管理对问题的解释力，我们可以看到，法商管理对企业管理
问题的分析，既保持了已有管理理论和方法合理及有效的解释作

_____

① T. S. 库恩在《科学革命的结构》一书中认为，科学革命的演变就是新旧"范式"的更替，即他把科学理
　论的革命视作不断否定一种以前公认的理论范式或接受另一种理论范式的历史过程。

用，同时增加了广义的"法"或"规则"的剖析工具，使传统单一的商业管理分析所不能发现或解释的问题，能够通过法商管理的分析给予解释和解决。例如，传统的商业管理案例所能够揭示的经营之道都被包含在法商管理的案例分析之中，同时，法商管理案例分析还能够解释和解决单纯商业管理案例所不能够解释和解决的问题。

因此，法商管理要成为新的理论范式，最为重要的理论研究和方法探索的任务就是要使法商管理的解释力在现有管理理论和方法论的基础上有所拓展和完善，这就需要把"经商"与"法治"的价值观与方法论有机整合，形成一个新的认知系统和理念体系。"只有有了理论上和方法论上的信念，才能进行选择、评价和批评；如果没有这种信念，至少是某种隐含的信念，任何一部自然史都无法得到解释。"①

2. 科学共同体

法商管理范式存在的根本前提是基于共同的认知和信念形成超越已有管理学信念体系的新的科学共同体。如前所述，今天人类生存的社会环境变化和人们认识的不断深化发展都为形成法商管理的科学共同体提供了条件。可以看到，越来越多的企业经营者已经不满足已有管理理论和方法对其实际经营的指导；同样，越来越多的管理学者已经发现了已有管理体系的不足或缺陷，他们都从不同的角度和不同的层面进行着新的探索并提出了不同见解和理念，这些都是产生新的科学共同体的基础。然而，要把这些探索和见解整合到共同的信念体系中就需要一定的发展过程，同时也需要有某种能够克服已有理论的不足、给予人们不断探索和思考的阶段性的理念指导。正如 T. S. 库恩所指出的："由某一特定时代的特定科学共同体所支持的信念，总是在其构成成分中

旁注： 需要把"经商"与"法治"的价值观与方法论有机整合，形成一个新的认知系统和理念体系。

---

① T. S. 库恩：《科学革命的结构》，李宝恒、纪树立译，上海科学技术出版社 1980 年版，第 13 页。

包含了由个人偶然性和历史偶然性所组成的明显任意性因素。但这种任意性因素并不表示，任何一个科学集体可以没有一套大家接受的信念而能进行专业活动。"①

也许我们今天提出的关于法商管理问题的思考和探索，及其在此基础上所做的关于开创法商管理新时代的理念分析，正是我们形成法商管理范式科学共同体的一套基本信念体系，它需要共同体成员的共同呵护和不断完善，尽管这里的信念体系是阶段性的，但却是必需的。

本文摘自《法商管理评论》（第一辑），经济管理出版社 2012 年版。

形成法商管理范式科学共同体的一套基本信念体系，它需要共同体成员的共同呵护和不断完善。

---

① T. S. 库恩：《科学革命的结构》，李宝恒、纪树立译，上海科学技术出版社 1980 年版，第 4 页。

"法商管理"变革企业管理的新理念

孙选中

摘要：本文基于国内外经营环境转变与已有企业管理模式的明显冲突，提出"法商管理变革企业管理的新理念"。所谓法商管理就是追求效率的经济价值观与方法论同追求公平的法治价值观与方法论有机结合，以实现效率与公平均衡发展的管理过程。文中具体分析了"精商明法，敏思善行"的新商道；"效率与公平均衡"的新思维；"用规则创造价值"的新主张；"整合资源和驾驭规则"的新战略；"安全经营和持续发展"的新财富；"讲政治、懂法律、有思想、善经营"的新领袖；"从成功到卓越再到领袖企业"的新境界等法商管理新理念。这些理念在理论和实践上对企业管理变革具有重要的指导意义。

关键词：法商管理；变革；新理念

一、"法商管理"的兴起

随着我国全面深化改革的不断发展，中国与世界经济接轨的程度日益加深。一方面，中国经济快速发展的风险已明显凸显，转变发展方式和建立经济发展"新常态"已刻不容缓；另一方面，已有企业管理强调的"效益最大化""效率至上"的价值观和经营理念已受到质疑。可以断定：国内外经营环境的转变与已有企业管理发展模式存在极大的冲突！面临这样的新挑战，"只有那些现在就开始重视这些挑战，同时不仅自己做好准备，而且帮助组织做好应对挑战准备的人，才能引领潮流，才能主宰自己的未来"。[①]

今天转型背景下的中国企业尤其需要一种超越已有企业管理模式的创新经营智慧和战略理念，用以指导其摆脱经营迷茫和驾驭大转折的挑战，以实现企业安全持续的健康发展。这种创新管理理念及模式就是我们从 1994 年开始探索，历经 20 多年潜心研究和开拓实践，已在国内外受到极大关注的"法商管理"！

简言之，法商管理就是追求效率的经济价值观与方法论同追求公平的法治价值观与方法论有机结合，以实现效率与公平均衡发展的管理过程。[②] 关于法商管理中的"法"的界定，从狭义上来看主要是指法律条文、成文的规章制度等；但我在这里对法商管理中的"法"的界定是从广义上理解的影响人们行为的各种规则。法商管理是全新的经营理念和管理模式，它对传统企业管理的变革和创新主要表现为：坚持"精商明法，敏思善行"的新商道，善用"效率与公平均衡"的新思维，推行"用规则创造价

> 已有企业管理强调的"效益最大化""效率至上"的价值观和经营理念已受到质疑。

[①] 彼得·德鲁克：《21 世纪的管理挑战》，朱彦斌译，机械工业出版社 2006 年版，前言。
[②] 孙选中：《法商管理的兴起》，经济管理出版社 2013 年版，第 4 页。

值"的新主张，实施"整合资源和驾驭规则"的新战略，创造
"安全经营和持续发展"的新财富，塑造"讲政治、懂法律、有
思想、善经营"的新领袖！

以下对法商管理的创新理念和价值主张分别予以阐释。

二、新商道："精商明法、敏思善行"

所谓商道即指企业商业经营之道，通常也是商业领袖们的成
功经营秘籍。穆库尔·潘地亚等把顶尖商业领袖的成功之道概括
为"发掘市场需求；利用价格赢得竞争优势；抢先发现商机；快
速学习；建设公司文化；诚信；建设组织品牌；风险管理"这八
项要素。[①] 如果对这些要素进行深入解剖，我认为前四项更多强
调了精通商业运作，后四项更突出了要把握行为规则。而法商管
理的核心理念对商业经营之道进行了更精炼和更深刻的概括：
"精商明法，敏思善行"。从字面意义来解释，就是既要精通商业
运作的技巧还要明晰和掌握相关的行为规则，既具有敏捷思维的
经营头脑，还善于把握机遇和风险并适时开拓及拥有市场。

既要精通商业
运作的技巧还要明
晰和掌握相关的行
为规则，既具有敏
捷思维的经营头脑，
还善于把握机遇和
风险并适时开拓及
拥有市场。

今天我们很多企业经营者在"精商"方面可以堪称出类拔
萃，他们讲起经营诀窍和经商秘籍可以说是一套接一套。我们不
可否认他们的经营知识和实践经验练就了他们"精商"的智慧，
特别是在我们市场秩序和管理规范还不完善的改革开放的前 30 多
年，他们运用这样的"精商"智慧可以左右逢源、指哪打哪。

但是，在今天新的经营环境或"新常态"的建立过程中，这
样的"精商"智慧就显得乏力了。因为我国现在已进入全面深化
改革和全面依法治国的转型升级的发展过程中，必将越来越重视

---

① 穆库尔·潘地亚等：《常青领导之道》，陈雪芬译，中国人民大学出版社 2005 年版，第 11 页。

相关规则和法律的规范，这必然从根本上改变过去某些无视规则的所谓精商秘籍，而是用"精商明法"的新商业智慧引领企业家和经营者把控好"敏思善行"的创富新商道。

三、新思维："效率与公平均衡"

在企业管理乃至一般管理中，关于"效率"和"公平"孰轻孰重、谁先谁后等一直以来都是理论界十分关注及争论不休的问题。从管理学的思维来看，追求资源配置效率最大化是管理工作的根本；而从法律的思维来说，一切活动的基本前提和价值在于能否保证公平的权益安排及分享。但从法商管理思维来看，任何管理决策既要追求效率的目标又要维护公平的关系，这样的资源配置、权益安排和经营模式才是最为安全并能够持续发展的。

事实上，效率与公平的均衡关系如同矛盾的两面或太极的阴阳两极，它们相辅相成、相生相克。极端的效率思维和管理决策将导致资源的透支或耗竭，而片面的公平思维又将导致丧失创新或停滞不前。然而，在我们熟悉的传统管理思维中从本质上把这两种思维截然分离了：比如，很多企业以"效率至上"作为决策的根本追求，一味强调投资收益最大化，但是因为没有以公平的思维维护或调整好内部及相关利益群体的关系，反而陷入了赚钱越多问题越多的困境；甚至有的企业管理者为了实现收益目标而做出"野蛮生长"的极端选择或越轨经营导致其身陷囹圄并使企业衰败下去。与之相反，片面强调所谓公平又会陷入"大锅饭""平均主义"等困境。再比如，我们前几年对房地产市场的调控要么片面强调"市场效率"主导，要么极端强调"政府公平"主导，这些片面决策都致使房地产市场震荡剧烈；而我们曾经基于

从法商管理思维来看，任何管理决策既要追求效率的目标又要维护公平的关系，这样的资源配置、权益安排和经营模式才是最为安全并能够持续发展的。

公平的考虑即"保护雇员权益"修订并颁布的新《劳动法》导致企业投资人的抱怨甚至撤离；等等。这些实例或表现都是我们的管理思维分离了效率与公平的内在均衡关系所致。

法商管理所要坚持的就是追求效率的经济价值观与方法论同追求公平的法治价值观与方法论的有机结合，最终实现效率与公平均衡发展的管理决策。实际上就是要变革曾经人为地分离这两种思维的管理决策，在法商管理决策中既要分析经济要素变量，也要分析规则或法律要素变量，可以说"效率与公平均衡"的思维是新常态背景下管理思维的"升级版"。以此管理思维的决策，我们可以超越传统经营的局限和约束，真正实现高屋建瓴的战略选择。

比如从法商思维来看，我们今天为什么对"合作竞争"青睐有加？实际上这就是"效率与公平均衡"的典型表现：一方面，通过合作竞争既能够资源互补提升整体竞争力，实现更高的效率；另一方面，合作过程的参与者都能够依据其参与程度或贡献大小分享利益，而这样的公平分享将保持合作竞争的持续优势。因此，合作竞争的模式实质上就是最具代表性的法商管理思维经营模式。

> 法商管理决策中既要分析经济要素变量，也要分析规则或法律要素变量，可以说"效率与公平均衡"的思维是新常态背景下管理思维的"升级版"。

四、新主张："用规则创造价值"

对于"规则"的界定可以是狭义的或广义的，狭义的理解就是成文的法律、条文、规定等；而广义的理解涉及一切影响人们行为的惯例、规矩、风俗等。事实上，只要能够对社会或个人行为产生影响和约束作用的相关约定都属于规则的范畴，我曾经把它们界定为"正式约定"和"非正式约定"[①]。马尔科姆·卢瑟

---

① 孙选中：《现代企业导论》，中国政法大学出版社 2004 年版，第 30 页。

福认为："有些社会规则属于惯例，惯例可能因遵守同一规则符合所有个人的利益而自我实施。法律规范则是由惩罚违抗者的警察力量和司法系统强迫实施的规则。"[①]

法商管理超越传统管理的新发现和新理念从根本上来说就是认为经济活动的价值不仅仅是追求资源的有效配置，更关键的是基于什么样的"规则"进行资源配置。通俗地说，传统管理更善于在"整合资源"层面进行资源配置，而法商管理将其提升为"驾驭规则"层面的资源运筹，关键是既要能够驾驭正式规则也要能够驾驭非正式规则。因此，法商管理的核心价值主张就是"用规则创造价值"。这一价值主张主要有三层含义：

> 经济活动的价值不仅仅是追求资源的有效配置，更关键的是基于什么样的"规则"进行资源配置。

其一，"规则"是创造价值的核心机制。关于这一层含义，一般人容易理解的是"市场经济就是法治经济"，也就是说没有相应的市场活动的法治条规或法律条文，市场经济是不复存在的。然而我认为，仅仅停留在法律法规层面上理解或认识市场经济是不深入和不全面的，因为法律法规在市场经济中更主要是产生正式约束机制的作用，而市场经济更重要的是发挥"符合所有个人的利益而自我实施"的动力机制的作用。实际上经济学的鼻祖亚当·斯密所发现的市场这只"无形的手"，从根本上来说，就是揭示了价格机制所形成的符合大家利益而自我实施的"规则"是创造价值的核心动力机制。由于这种"高质量的规则可能会得到适量预期的效果"[②]，由此引导人们作出市场活动的选择。也就是说，所谓"无形的手"实质上就是一系列引导和约束人们经济行为的规则，因此，我们现在可以更明确或更准确地说："市场经济就是规则经济。"

> 经济学的鼻祖亚当·斯密所发现的市场这只"无形的手"，从根本上来说，就是揭示了价格机制所形成的符合大家利益而自我实施的"规则"是创造价值的核心动力机制。

其二，"规则"将改变或决定资源的价值。经济活动的前提

---

① 马尔科姆·卢瑟福：《经济学中的制度：老制度主义和新制度主义》，中国社会科学出版社1999年版，第64页。

② 科尼利厄尔·M. 克温：《规则制定——政府部门如何制定法规与政策（第3版）》，刘璟等译，复旦大学出版社2007年版，第103页。

是需要拥有或具备必需的资源，我们熟悉的传统管理对资源价值的认定往往依赖于这些资源的自然的、物理的或功效的特征，事实上，这样的认识仅仅确定了资源的自然属性的价值。然而，在现代市场经济发展过程中，由市场形成的价格机制对资源的价值改变越来越起到支配或决定的作用，而价格机制的很多因素都来自于具有社会或心理属性的一系列规则。比如，降低或提高拥有某种资源门槛的规则，或者由心理预期带来的对特定产品价值的判断影响，其结果就必然反映到由这些已有资源创造出的产品的价格高低，从而改变或决定这些资源带来的价值。

其三，"规则"是创业创新的价值突破口。我们今天正迎来"大众创业，万众创新"的经济发展新常态，理论上讲这给所有人提供了机会均等的发展契机。然而，要具体把握创业创新的机会就必须敏锐地发现市场需求，从营销学的角度来看就是寻找价值突破口。事实上，在市场或社会转型期往往会产生许许多多的新需求，原因是过去人们熟悉或行之有效的东西会因为转型的变化而引发相应的改变，因此，我们如果能够从转型的内在机理或根本转变来发现价值突破口将获得最大的发展机会。凯瑟琳·M. 艾森哈特等认为：传统战略的优势来自于挖掘资源和战略定位，而新经济战略的优势来自于成功捕捉稍纵即逝机会的"简单规则的战略"[①]。如果从事物转化的逻辑来看，一切变化带来的机会不外乎都是"打破旧规则，重建新规则"而迎来新契机！我们今天讨论的"互联网+"，特别是最典型的案例"滴滴打车"，都是通过变革"规则"寻找到了新的价值突破口。

一切变化带来的机会不外乎都是"打破旧规则，重建新规则"而迎来新契机！

---

① 凯瑟琳·M. 艾森哈特、唐纳德·N. 苏尔：《作为简单规则的战略》，《哈佛商业评论精粹译丛》，《战略前沿》，中国人民大学出版社 2004 年版，第 90 页。

五、新战略："整合资源和驾驭规则"

由于一切经济活动都是基于在特定的时间和空间中有效配置资源而展开，因此企业如何运筹时空实现资源的有效配置就是我们常常强调的企业发展战略。我们可以看到，我国绝大多数企业的发展战略都是基于传统管理的资源效益最大化的战略理念进行的战略设计和安排；同样，在战略推进和执行过程中遇到问题或阻碍也是沿袭如何改善资源配置效益而惯用的经济措施和手段来处理。这样的战略理念及措施与现在和未来新常态的"游戏规则"难以弥合，并将导致企业战略上的失误甚至衰落。

比如，在中国最具创新能力和战略运筹能力的阿里巴巴集团，几年前因为在其淘宝商城推出提高"保证金"制度而遭到商家们的围攻，最后马云不得不宣布停止新的保证金制度的执行。为什么阿里巴巴为了维护淘宝商城的诚信从战略上推出新的"保证金"制度会遭到围攻并被迫撤销？原因是他们仅仅沿用传统的"资源层面"的战略决策即提高保证金以遏制所谓不法商家。尽管阿里巴巴力图借助提高保证金的经济手段整肃淘宝商城的初衷是无可置疑的，然而阿里巴巴事先并未与商家们进行沟通协商，这就违背了市场经济的"契约原则"，因为这些商家与淘宝已经是事实上的合同关系，阿里巴巴没有权利单方面提高保证金。同样，曾经在中国白酒行业具有绝对领导地位的茅台和五粮液集团，在 2013 年初因为沿用过去强制执行"价格指令"的经销商管理办法而触犯《反垄断法》，被国家发改委罚款 4.49 亿元。而类似因为触犯特定规则不得不付出极大代价或遭到处理的案例不断发生。

为什么这些行业巨头和标杆企业在战略上也屡屡犯错？我们

只要深入分析就可以看到：它们的经营战略和管理决策仍然考虑的只是如何有效利用现有资源实现效益最大化，结果它们都有意无意地在"驾驭规则"方面暴露出战略上的极大缺陷。

由于在传统的战略管理中，管理者对战略中的核心资源的认识和控制都聚集在经济变量的资源要素上，所以制定和执行战略都主要是在运筹资源的层面，我们通常把这样的战略管理比喻为"整合资源"的战略，这样的战略更多反映在粗放发展阶段甚至是"野蛮发展"的过程中。然而，在我们今天由追求数量和外延扩张转向提高质量和内涵发展的转型发展中，战略管理的核心资源也从单纯的整合经济变量资源转变为既要能够整合经济资源还要能够把控规则变量，因为"规则"是一切战略的内在逻辑变量，它将主导和决定其他经济变量的价值。

事实上，不仅国内经营环境的转变需要我们的管理者具备驾驭规则的能力，在国际化发展中更需要提升我们管理者驾驭规则的能力。特别是我们的企业在推进国际化战略时，绝不能仅仅在资源层面把国际化战略局限在"产品的国际化""资源的国际化""市场的国际化"等方面。国际化战略从根本上来说，不仅是要竞争国际市场而且还要善于竞争国际标准，不仅是要整合国际资源而且更要善于整合国际规则。

六、新财富："安全经营和持续发展"

人们常常把拥有和创造财富的多少作为衡量一个企业或一个组织或一个人的主要成功标准，因此追求更多的财富就成为人们的发展目标。尽管我们不能够完全否定追求更多财富的目标，但是需要认识到这样的目标存在着极大的局限性：其一，这往往是社会发展的初级阶段为生存需要而设定的数量层面的财富目标；

左侧边栏：

战略管理的核心资源也从单纯的整合经济变量资源转变为既要能够整合经济资源还要能够把控规则变量。

国际化战略从根本上来说，不仅是要竞争国际市场而且还要善于竞争国际标准，不仅是要整合国际资源而且更要善于整合国际规则。

其二，这也往往是财富分配不均衡状态下以占有财富多少来体现其社会地位的一种所谓成功的表现。

如今我国的发展已经进入新的社会转型时期，在这样的过程中必须克服和跨越为满足基本生存的初级阶段的"创富目标"，我们将寻求建成小康社会的财富均衡分享的"升级版"的发展模式。在这种新常态的转型背景下，对财富的追求和创造也需要建立起新的目标，我把这种升级版的创富目标定义为"新财富"。相对于传统创富目标更多聚焦于获取或拥有多少财富而言，"新财富"则界定为要安全、持续创造和拥有财富！因此，树立"新财富"的理念主要有以下两个最重要的特征：

其一，新财富强调"安全经营"。在我们过去的创富发展中主要受到"效率至上"的经营理念的指导，侧重于如何获取和积累财富，因此经营过程中很少甚至几乎不会把"安全"作为战略指标纳入战略设计、战略流程、战略评价和战略结果的控制过程中。其结果正如一种调侃说法："一群走在监狱路上的人。"因为今天很多"豪门"企业或个人都存在财富安全的极大隐患！

关于财富安全问题可以从宏观或微观的多种角度来认识，但是用法商管理思维解剖这样的安全隐患，我认为更能够一语中的：财富安全的根本原因还是源于对"规则"的把控和运用。具体而言，财富安全问题的隐患，一方面，我们很多企业和管理者在过去的经营中因侧重于资源效益而有意无意忽略甚至逾越了相关规则的边界，今天我们国家要建立的"新常态"，在一定意义上说就是要对这样的行为用"相关规则"进行纠偏，这就势必带来财富安全问题。另一方面，我们国家的转型发展已经确立了"全面依法治国"之道，这意味着我们将全面走上"规则之路"，而我们很多企业及其管理者极为缺乏的就是把控和运用规则的智慧及能力，这都将对其创造财富的经营过程埋下不同程度的安全隐患。

> "新财富"则界定为要安全、持续创造和拥有财富！

> 财富安全的根本原因还是源于对"规则"的把控和运用。

其二，新财富坚持"持续发展"。如何衡量对财富的真正拥有？与前面所述法商思维的"效率与公平均衡"的内在逻辑相关联的就是财富的"时空均衡"，也就是衡量对财富的真正拥有不仅只看其空间上的占有，还要测量其时间上的占有。在过去或传统的财富经营理念中，更多是对财富或资源的"空间占有"的追求，比如，财富增长规模、增长速度、占有率等；而"新财富"的理念既强调空间上的财富占有，更重要的是时间上的财富占有和延续，也就是财富的持续发展或持久拥有。

> "新财富"的理念既强调空间上的财富占有，更重要的是时间上的财富占有和延续，也就是财富的持续发展或持久拥有。

概而言之，新财富坚持的"持续发展"主要体现在以下三个层面：首先，创造财富模式的持续性。这主要涉及企业经营模式问题，今天很多企业尽管能够很快获取巨额的财富，但是能否持续地获取财富却是难以保障的。其次，使用财富方式的持续性。我们可以看到很多经营者在资源极度匮乏时能够坚持渡过难关，但是当其资源相对丰富时却逐渐衰落下去，这一定是使用财富的方式出现了问题。最后，拥有财富价值的持续性。我们这里的新财富所强调的财富价值的持续性实质上就是财富的保值增值问题，财富持续发展的唯一有效办法就是不断变革或创新。

七、新领袖："讲政治、懂法律、有思想、善经营"

在管理领域中的领袖通常就是指能够引领特定行业或创新管理模式的领导者。改革开放以来，我国在管理或商业领域里的确产生了一批杰出的领导者即商业精英。但是，只要我们稍作深入分析就可以看到，很多商业精英都是昙花一现或负有"原罪"匆匆离场。用法商视角分析，可以断定更多是因为他们只是在"资源层面"具有经商智慧，而在"规则层面"却陷入了困境或失败。事实上，在改革开放初期之所以被比喻为"野蛮生长"，主要因为很多成功者或商业精英的经商秘籍是："讲关系、懂潜规则、有背景、善公关。"所以，在今天或未来企业发展中，我们真正需要的是超越或变革这些负有原罪的商业精英的"新领袖"！

作为新常态背景下的新领袖应该具备以下特点：

（一）讲政治

从管理角度来谈"讲政治"主要是强调整体利益和国家利益最大化，即作为管理者应该要有大局和长远眼光，自觉践行组织和整体利益至上，这是新领袖最基本的领导素质。但是，过去甚至今天还有很多拥有或占有资源的管理者所践行的却是个人利益或小集团利益高于一切，这必然导致其个人或组织的短视行为甚至与主流趋势背道而驰走向衰落，这正好反衬出新领袖"讲政治"的十分必要性。

> 管理者应该要有大局和长远眼光，自觉践行组织和整体利益至上，这是新领袖最基本的领导素质。

（二）懂法律

如前文所述，这里的"懂法律"既是强调要明晰从狭义上来看的法律、规范、条例等，更要自觉把控广义的相关行为规则。事实上，在我们过去很多成功者的经营秘籍中，自觉不自觉地"突破红线"寻找经营机会，甚至无视组织或国家的规矩规则，致使自己身陷囹圄。因此，新领袖绝对不能再走"野蛮生长"的老路，必须从驾驭规则和整合资源的创新能力中获取安全持续的财富。

（三）有思想

企业的新领袖必须重塑新的企业观，正如弗雷德蒙德·马利克所指出的："企业不再是现在那种提高劳动力的机器，而是提高智能的系统，不再是经济意义上的造钱机器，而是信息和交流系统。"① 综观古今中外真正的杰出管理者，他们都不是只会在物质资源层面具有"立地"的经营睿智，而是还具有"顶天"的思想和智慧，比如，GE 公司的杰克·韦尔奇、微软公司的比尔·盖茨、松下公司的松下幸之助等都是这样的顶天立地的领袖。我国的领先企业及其管理者与世界级的企业及其管理者的主要差距就是缺乏这样有思想的顶天立地的商业领袖！

我国的领先企业及其管理者与世界级的企业及其管理者的主要差距就是缺乏这样有思想的顶天立地的商业领袖！

（四）善经营

"善经营"本应是企业管理者的天职，然而，在我们尚待完善的市场机制和环境下，不具备法商智慧和能力的善经营者可能或必将走向野蛮的善经营，过去和今天屡屡出现的典型案例已经充分说明了这一点。因此，我们今天更需要的是能够自觉地用"讲政治、懂法律、有思想、善经营"的法商思想武装和指导企业经营的"新领袖"。

八、新境界："成功企业、卓越企业、领袖企业"

依据熊彼特的观点，企业家的本质特征就是不断创新。然而，我们很多企业家或经营管理者对不断创新的认识还主要停留在对产品创新、技术创新、市场创新等具象的经营对象方面，这些创新实质上更多是在"资源层面"上的经营创新。事实上，我国的企业家所具有的精明商业智慧在世界上备受推崇，因此"华商"已驰骋世界。但是，我们为什么几乎没有领世界风骚的"规

① 弗雷德蒙德·马利克：《公司策略与公司治理》，朱健敏等译，机械工业出版社 2013 年版，第 11 页。

则层面"的创新模式能够独占鳌头？

从法商管理视角透视这样的问题，我认为关键在于我们的经营境界短视，要实现规则层面的创新就必须改变单纯整合资源的经营管理，用"整合资源与驾驭规则"的法商思维变革习以为常的效率至上的经营模式，在经营境界上实现从"成功企业"到"卓越企业"再到"领袖企业"的不断升华！

（一）成功企业境界

关于成功的认识或评判现在更多偏重于有效配置资源而创造财富的经济指标的量化评价，比如一个企业的成功往往是因为它超越了行业的平均盈利水平或其规模或其销售额居于行业领先水平。如今国内外很多指数或排序的发布都是对成功企业的褒奖，比如，世界 500 强、行业 TOP10 等，我们很多经营者所追逐的就是实现"成功者的梦"。由此可以看到，成功企业主要是在资源层面追逐经济指标的业绩显赫，因此，成功企业的境界往往就是以"投入产出最大化""股东利益最大化""市场占有率第一"等经营价值导向为核心。

（二）卓越企业境界

成功企业更多体现了经济上的出类拔萃，而卓越企业则更突出综合实力的超凡脱俗。吉姆·柯林斯所著的《从优秀到卓越》一书研究了企业如何从经济强盛的竞争力演化到经济文化综合竞争力全面提升的战略转型，他在书中所表述的"优秀企业"主要体现在优秀的经济业绩上，与我这里界定的"成功企业"基本内涵一致。他指出："从优秀到卓越"主要是要实现"训练有素的人；训练有素的思想；训练有素的行为；训练有素的文化"等的跨越。[①] 其阐

① 吉姆·柯林斯：《从优秀到卓越》，俞利军译，中信出版社 2002 年版，第 14 页。

述的有些观点与我这里提出的从"成功企业到卓越企业"的发展如出一辙。如果深入透视卓越企业的经营境界，除了保持着成功企业的资源配置效益最大化的经营理念，更主要是具备和强化了"卓越的企业文化""领先的商业模式""创新的行业标杆"等更高更全面的经营价值体系。

（三）领袖企业境界

现有的研究成果对企业发展境界的研究几乎都止步于卓越企业的研究，但是我认为还存在比卓越企业更高经营境界的企业类型——"领袖企业"！通常我们理解的"领袖"具有如下特征和气质：第一，他具有构建信仰体系的能力，因此他成为人们顶礼膜拜的偶像；第二，他具有超越时空的影响力，因此他的思想和精神不受国度及时代的限制。我这里用"领袖"一词来归类的这种企业，在现实世界中也具有领袖的这两种特质：其一，这类企业的价值体系已经成为人们崇拜的信仰系统；其二，这类企业的影响力远超行业、国度或时代。比如，GE 公司、IBM 公司、微软公司、松下公司等都具有这样的领袖气质。

这里归纳的三重境界的企业既是要揭示企业螺旋上升的逻辑轨迹，也是要说明主导未来经济、国家或世界变化的竞争力大架构：成功企业主要能够主导的是"硬实力"的经济竞争力；卓越企业和领袖企业将能够主导"硬实力和软实力"的文明竞争力；特别是领袖企业将能够引领或主导规则系统或价值体系。相比较而言，我国尽管已经产生很多成功企业，但是我们很少有拥有持续优势的卓越企业，更是缺乏主导规则系统的领袖企业。因此，用法商管理变革传统的或现有的企业管理的理念将负有重要的历史使命：使我国更多的企业从成功企业转变为卓越企业，再通过升级跨越而产生能够主导世界新规则系统的领袖企业！

具备和强化了"卓越的企业文化""领先的商业模式""创新的行业标杆"等更高更全面的经营价值体系。

具有领袖的这两种特质：其一，这类企业的价值体系已经成为人们崇拜的信仰系统；其二，这类企业的影响力远超行业、国度或时代。

成功企业主要能够主导的是"硬实力"的经济竞争力；卓越企业和领袖企业将能够主导"硬实力和软实力"的文明竞争力；特别是领袖企业将能够引领或主导规则系统或价值体系。

参考文献

［1］彼得·德鲁克：《21 世纪的管理挑战》，朱燕斌译，机械工业出版社 2006 年版，前言。

［2］孙选中：《法商管理的兴起——孙选中关于中国法商管理的思考》，经济管理出版社 2013 年版，第 4 页。

［3］穆库尔·潘地亚等：《常青领导之道》，陈雪芬译，中国人民大学出版社 2005 年版，第 11 页。

［4］孙选中：《现代企业导论》，中国政法大学出版社 2004 年版，第 30 页。

［5］马尔科姆·卢瑟福：《经济学中的制度：老制度主义和新制度主义》，中国社会科学出版社 1999 年版，第 64 页。

［6］科尼利厄尔·M. 克温：《规则制定——政府部门如何制定法规与政策》（第三版），刘璟等译，复旦大学出版社 2007 年版，第 103 页。

［7］凯瑟琳·M. 艾森哈特、唐纳德·N. 苏尔：《作为简单规则的战略》，《哈佛商业评论精粹译丛》，《战略前沿》，人民大学出版社 2004 年版，第 90 页。

［8］弗雷德蒙德·马利克：《公司策略与公司治理》，朱健敏等译，机械工业出版社 2013 年版，第 11 页。

［9］吉姆·柯林斯：《从优秀到卓越》，俞利军译，中信出版社 2002 年版，第 14 页。

本文摘自《经济与管理研究》2016 年第 6 期，第 128-134 页。

企业发展变革与"法商管理"创新

孙选中

摘要：我国经济社会发展已经进入关键的转型期，通过透视"新常态""深水区"和"升级版"的本质内涵可以看到现有企业管理的核心观念、思维方式、价值主张和战略运筹等都面临根本变革的迫切要求。本文探讨的"法商管理"核心观念，在理论上将用"法商管理观"改变"效率管理观"存在的短视行为、外部性、发展失衡等局限性，在实践中创新提出"效率与公平均衡"的思维决策，"用规则创造价值"的经营主张，"整合资源与驾驭规则"的战略运筹。基于此有助于克服我国企业发展所面临的许多棘手问题和风险，指导企业实现新常态背景下的发展变革。

关键词：企业变革；法商管理；创新

一、企业管理面临根本变革的新挑战

毋庸置疑，当前中国经济无论是在宏观层面还是微观层面都面临极大的甚至是根本的变革，如何认识这种深刻变化不仅影响到企业今天如何渡过难关，更重要的是将决定企业的生存和发展。尽管关于中国经济转型将使我们面临的新挑战已经有很多分析文章，笔者在这里仅仅是基于企业管理的视角透视经济环境的变化，通过剖析"新常态""深水区""升级版"三个关键词①的深刻内涵揭示其对如今我国企业发展带来的严峻挑战。

（一）"新常态"对企业变革的挑战

关于中国经济转型目前最主流的表述就是要建立"新常态"，今天对新常态的说明主要是从我国经济的增长速度、结构调整、发展方式等方面对其基本内容及其变化特征进行梳理和界定，这有助于了解当前我国经济新常态的基本内涵。但是要全面深刻认识新常态，还需要从理论上对"常态"构成的内在因素和演变逻辑进行更深入的分析探讨。

所谓"常态"通常指的是一定阶段或某种状态的稳定格局，它是由特定思维决策主导的一系列规则体系和运行机制所决定的，因此，建立"新常态"就是意味着要以新的思维决策建立一系列新的规则体系和新的运行机制。而要真正认识和把握中国经济的"新常态"，需要对新中国成立以来经济发展更替的不同"常态"进行深入剖析。尽管现在已经有许多关于中国经济发展变化的研究成果，但是本文分析了特定思维决策主导下形成的"常

> 建立"新常态"就是意味着要以新的思维决策建立一系列新的规则体系和新的运行机制。

---

① 这里所列举的三个关键词是我国现阶段经济发展"顶层设计"常用的关键词，蕴含着我国经济发展变革的深刻含义，无论在理论上还是实践上对企业变革发展都具有重要的指导意义。

态"格局及其演变分析所勾勒出的我国经济"三阶段"的更替变化,这对我们认识当前我国"新常态"的转型提供了独特视角和新的思考。

第一阶段:从新中国成立到改革开放之初。这一阶段中国经济发展的决策思维偏重于追求"公平"的发展,力图通过计划分配使每个人获得必需的物质财富和工作机会,因此选择了"计划经济"的一系列规则和运行机制,从而形成了我国在特定历史时期的经济常态并一直持续了30多年。然而,这一阶段的历史发展表明:片面偏重于"公平思维"的计划经济将丧失对资源的有效配置和利用,最后导致"平均主义""大锅饭"及"财富贫乏",因此这一时期特定的经济常态必然终结。

第二阶段:从改革开放到中共十八大召开前。这一阶段我国的一切工作都是以大力发展经济和提高生产力水平为中心,通过实施特殊政策让一部分人和一部分地区先富起来,加速财富积累和脱贫致富,加快建设中国特色的市场经济。由此可以看出,这是侧重于追求"效率"的思维决策,基于此探索建立了如何促进我国经济高速发展的一系列规则和运行机制,并且形成了长达30多年的又一个经济常态。这一阶段的历史发展表明:极端地追求经济发展的"效率思维"将导致"差别扩大""资源集中"甚至"权利失衡",因此这样的经济常态也很难再持续。

第三阶段:中共十八大以来的新政时期。这一阶段的新政已经明确提出"四个全面"的建设目标,并以此为工作重点建设"新常态"。可以理性地判断:因为第一阶段和第二阶段都已明显暴露出经济发展不能够持续的问题,甚至产生和积累了影响国家生存发展的许多严重问题,因此我国经济进入第三阶段的"新常态"不会简单重复前两次的"常态",必然从宏观和微观层面都将产生根本的转变。那么,从企业转型发展来看,管理者必须思考和厘清新的阶段将以怎样的思维决策为主导?基于此应该如何应对符合新常态的

片面偏重于"公平思维"的计划经济将丧失对资源的有效配置和利用,最后导致"平均主义""大锅饭"及"财富贫乏"。

极端地追求经济发展的"效率思维"将导致"差别扩大""资源集中"甚至"权利失衡"。

我国经济进入第三阶段的"新常态"不会简单重复前两次的"常态",必然从宏观和微观层面都将产生根本的转变。

"新规则"和"运行机制"将对企业发展的新挑战?

（二）"深水区"对企业变革的挑战

如今我国的全面深化改革还被形象地比喻为进入改革的"深水区"，一般而言，深水区所隐含的就是其可能存在的问题比浅水区的问题更为复杂或风险更大。事实上，用"深水区"比喻我国全面深化改革现状不仅形象而且深刻。然而，我们对深水区的形象描述容易理解，而对深水区改革的深刻内涵还缺乏足够的认识。从改革的角度来看"浅水区"与"深水区"到底有什么根本区别？这将对企业管理变革带来怎样的挑战？

如果我们从日常经验来判断，稍有游泳知识或经验的人都知道浅水区可以摸索着蹚水而过，但是面对深水区就必须在进水之前做好充分准备，比如，练就游泳的基本功、备好必要的安全设备、详查水流和水下的情况等。事实表明，浅水区和深水区是两种不同的"玩法"，究其根本原因是因为两者的"游戏规则"存在本质区别。

现在我国进入深水区的改革对企业发展变革的根本挑战就是：我们在改革开放前期的"浅水区"依循的"摸着石头过河"的游戏规则要转变为进入"深水区"必须遵循的"把控变化，驾驭前行"的新的游戏规则。这对管理变革而言，就是要求管理者不能够再简单沿用过去成功的经验或模式，一方面是因为深水区试错的风险和成本都非常高甚至会导致不可挽回的损失，另一方面则是因为深水区几乎不可能摸着石头过河。这不仅对企业管理而且对政府管理也是如此，比如，我们证券市场的"熔断机制"的仓促实施和尴尬停止就是在深水区改革中缺乏系统的治理规则和治理能力的典型教训；另外，证券市场上的"宝万博弈"也警示我们的企业管理者要适时改变今天的经营方式和掌握"把控变化，驾驭前行"的游戏规则。

> 我们在改革开放前期的"浅水区"依循的"摸着石头过河"的游戏规则要转变为进入"深水区"必须遵循的"把控变化，驾驭前行"的新的游戏规则。

（三）"升级版"对企业变革的挑战

如今描述中国经济在新时期的变化，我们也更多使用了"升级版"来加以表述。然而，应该怎么把握升级版的内涵？如果通过哲学思维来分析可以深入浅出地予以解释：所谓"升级版"可以理解为超越已有状态通过螺旋式上升发展到新的高度，因此升级版的内涵不是指发展的"量变"而是"质变"；并且一切质变都是由内在的核心要素和联系方式的根本变化所决定的。以此认识我们可以界定，通常在企业管理中所谈到的经营模式实质上就是由核心资产及其运行机制形成的创造价值的方式。因此，企业管理的经营模式的质变过程都与特定运行模式的内在核心要素及其运行机制的本质变化密切相关。

现在随着中国经济已经进入升级发展的变革期，导致我们很多企业经营者极度地不适应，因为他们自己过去驾轻就熟获取红利的方式已经不再灵验了，过去依靠低成本资源的粗放发展或"野蛮生长"再也行不通了，如今不得不重新谋划新的变革和经营模式。

但是，怎样才能真正实现我国企业经营模式的转型升级发展？从根本上来说，就是要从我国经济粗放发展阶段所依赖的有价值的低成本资源的经营机制转型升级为依靠新的核心资产创造价值的经营机制。比如，我们曾经拥有的"廉价劳动力""规模经济""复制模仿"等竞争优势需要用"智能劳动载体"①"互联网经济""自有知识产权"等创新的经济资源和经营机制进行升级改造或替代。彼得·德鲁克曾经指出："20 世纪，企业最有价值的资产是生产设备。21 世纪，组织（包括企业和非营利性组织）最有价值的资产将是知识工作者及其生产率。"由此也可以

> 从根本上来说，就是要从我国经济粗放发展阶段所依赖的有价值的低成本资源的经营机制转型升级为依靠新的核心资产创造价值的经营机制。

---

① 这里所指的"智能劳动载体"主要包括知识劳动者、人工智能机器人等区别于以往低成本资源的新型的更高价值资源。

说，我们面临的升级发展的主要挑战就是基于"知识工作者及其生产率"的核心资产及其运行机制，如何有效地变革过去我们企业管理者基于"生存设备"和廉价劳动力资源所积累的成功经验和熟悉的经营模式。

二、法商管理创新企业发展观念

我们现有的企业管理运行机制和经营模式对新环境的不适应或冲突，从根本上来看首先就是已有的企业管理的核心观念与现实变化不协调或仍然处于粗放发展的认识状态，因此要实现企业发展变革首先需要转变企业经营活动的核心观念。

（一）"效率管理观"的局限性

当前我们企业的经营活动几乎都是由"效率管理"甚至是"效率至上"的核心观念所主导，可以简述为"效率管理观"。这样的管理观念主要基于两大理论基础：其一，基于传统经济学，经济活动的价值是实现稀缺资源配置效益最大化；其二，基于现代西方管理理论，管理目标是实现管理过程的资源成本最小或有限资源约束下的效果最大。其核心思想和观念主要源于：第一，传统经济学把经济活动视为一种"生产函数"的变换过程，"生产函数是一种技术关系，被用来表明每一种具体数量的投入物（即生产要素）的配合所可能生产的最大产量"。第二，交易费用经济学认为企业是"替代市场"的一种价格机制。交易费用经济学的奠基者科斯在研究"企业的本质"时指出：企业与市场是两种可以相互替代的资源配置的机制，企业不同于市场的特征就在于企业主用行政命令取代了市场的价格机制成为资源配置的动力，"企业的显著标志是，它是价格机制的替代物"。第三，现代西方管理理论都强调管理的实质就是要实现"成本最小化，效果最大化"。从泰勒的《科学管理原理》到现代西方的管理学理论都一以贯之地研究如何使经济活动的投入最少而效果最好，斯蒂芬·P.罗宾斯的观点具有典型性，他认为：管理追求的效率和效果就是"资源成本最小化"和"目标实现的高成就"。这些理论及思想尽管从生产函数、替代市场、科学管理等不同方面论述了经济活动中企业组织的本质及作用，但是其核心思想都隐含或强调企业组织的管理就是坚持效率准则，因此形成了企业管理固有的效率思维和效益最大化的价值观。

"效率管理观"在一定条件和环境下有其存在的合理性，但是从我们经历的发展过程和新的环境变化来看已经明显表现出如下局限性：第一，它极易导致企业经营的"短视行为"。由于这种观念的认识基础源于资源的有效配置，容易引导企业经营行为聚焦于当前的市场需求，片面追求"有效率"使用资源，从而忽视甚至透支资源的持续性使用。第二，它可能促使引发企业经营活动的"外部性"（也就是没有反映在市场价格中的组织活动的结果）。由于企业拥有资源的有限性和使用资源的成本付出，为了"有效率"地实现利润最大化的目标，"也鼓励组织进行有利于获得利润但是会损害其他社会价值的活动"。第三，它将淡化或丧失"均衡发展"。由于效率管理观的核心意识就是要么"效果最大化"，要么"成本最小化"，因此潜移默化地影响到管理者进行极端的或非此即彼的决策思维，使其削弱或失去了对均衡发展的把控能力。

正是因为效率管理观存在的这些局限性致使很多企业染上难以持续发展的疾患，可能使其止步于短视的行为，或衰落于外部性的制裁，或倾覆于失衡的轨道。同样，这样片面甚至极端地追求效率发展致使我国经济发展也遭受到各种局限性综合作用形成的"雾霾"的报复或侵害。

效率管理观的核心意识就是要么"效果最大化"，要么"成本最小化"，因此潜移默化地影响到管理者进行极端的或非此即彼的决策思维，使其削弱或失去了对均衡发展的把控能力。

（二）"法商管理观"的创新

通过以上理论与现实、客观与主观的分析，我们可以理性地判断：主导经济活动的核心观念出现了偏差，管理决策思维与现实发展需要已有所背离，发展战略轨迹与客观逻辑存在极大的不协调。面临新的变化和挑战，可以肯定地说，现有理论或方法都难以给出有效的解决方案，而我们历经 20 多年不断探索和实践的"法商管理"却可以为当前我国企业发展变革提供创新的思路及可能的解决之道。

所谓"法商管理"指的就是"追求效率"的经济价值观与方法论同"追求公平"的法治价值观与方法论有机结合，以实现"主体权益"均衡发展的管理过程。① 其中需要明辨法商管理蕴含的四个要点：第一，关于法商管理中的"法"的界定，狭义来看主要是指法律条文、成文的规章制度等；在这里对法商管理中的"法"的界定是从广义上理解的影响人们行为的各种规则。第二，这里所界定的"公平"主要是从管理学的角度强调支配经济资源的"责权利"的核心管理要素的公平配置。第三，人们熟悉的现有管理的核心观念中强调"追求效率"，而在法治理念中强调的是"追求公平"，法商管理的核心内涵是这两种价值观和方法论的有机结合。第四，有效的管理过程不是在"效率"和"公平"两个极点来回震荡，而要实现"效率与公平"。

法商管理观念在理论或实践上的创新主要有：

---

① 我曾经把法商管理界定为"在经商和法治的价值观及方法论的相互作用下，合理实现企业目标的管理过程"（参见《法商管理评论》（第一辑），经济管理出版社 2015 年版，第 3 页）。接下来，我在多次学术会议及论坛上进行了更加具体的新阐释："法商管理就是追求效率的经商的价值观和方法论与追求公平的法治的价值观和方法论有机结合，以实现效率与公平均衡发展的管理过程。"在我后来进一步的探索和思考中，我终于更深刻地领悟到："法商管理就是追求效率的经商的价值观和方法论与追求公平的法治的价值观和方法论有机结合，以实现主体权益均衡发展的管理过程。"而这里的法商思维的界定就是基于我最新的法商管理内涵而做出的定义。这其中的关键词从"实现效率与公平均衡发展的管理过程"提升为"实现主体权益均衡发展的管理过程"。关于我的这种认识的转变，我将在接下来关于法商思想演变的专著和论文中再详细说明。

（1）法商管理把"商与法"价值观和方法论结合，开拓了"整合资源与驾驭规则"的管理新领域。因为已有管理理论注重如何有效整合资源的管理，而法治思想强调适时驾驭规则的行为，法商管理把这两者的知识、方法和智慧高度融合，将开启新时代的管理体系。因此，哈佛商学院 GloColl 项目总监 RohiteDeshpande 教授说："法商管理的建立为世界的管理教育做出了贡献。"

（2）法商管理把管理过程的效率与公平有机结合，有助于实现理论和实践中的管理方法与目标价值的统一。管理过程中的资源配置效率只是实施方法，而管理过程的"责权利"安排就主要是价值选择。但是，已有管理理论中几乎都只是注重管理方法的"实施效率"，而不关注管理目标及其结果的"价值公平"，正如赫伯特·A. 西蒙在《管理行为》中所指出的："有效率无非是指采用最短的路径、最廉价的手段达到预期标的。效率准则不关心要达到什么标的，它对于价值问题完全持中立态度。"而正是因为管理过程中方法与价值的分离，导致产生了很多经济问题和企业经营问题。比如，有些独具创新的企业不是夭折于其竞争力削弱，而是因为缺乏公平的利益分享；很多创业企业的不成功不一定是投资项目问题，而是与价值选择密切相关的"责权利"内讧使其无法持续发展；等等。

（3）法商管理追求实现主体权益均衡发展的管理过程，从本质上重新界定了管理决策应该以"主体权益为本"。如果我们仅仅从字面上看，"法商"与"权益"存在着非常对称的关系："法"对应于"权"，"商"对应于"益"。在传统管理中，我们自然而然地把解决"权"的问题归之于"法"，把解决"益"的问题归之于"商"。由于这样的分离，使我们的管理出现许多纠缠不清的矛盾或冲突，最为典型的问题就是在公司治理中要么强调"法"的规则作用，要么强调"商"的效益价值，而不是把"法商"与"权益"作为一个整体进行战略安排。近一段时间出现的

左侧批注：
管理过程中的资源配置效率只是实施方法，而管理过程的"责权利"安排就主要是价值选择。

最为典型的问题就是在公司治理中要么强调"法"的规则作用，要么强调"商"的效益价值，而不是把"法商"与"权益"作为一个整体进行战略安排。

"万科股权之争"实际上就反映出我们并未在本质上真正认识和把握管理过程应该是"权益为本"的法商管理。

从认识论角度来看，当一种理论思想及方法既能够解决已有理论及方法已经解决的问题，又能够解决已有理论及方法不能够解决的问题，那么这种新的理论思想及方法就是对已有认识的超越和升华。以此而言我们可以说，法商管理的思想及方法将超越已有管理的认识，从管理的本质上变革企业思维决策，提升企业价值主张，重整企业战略运筹，引导企业在新的变革时期开创法商管理新时代。

三、法商管理变革企业思维决策

在上面的分析中我们已经对法商管理的"效率与公平均衡"的理论创新进行了论述，但是在企业管理乃至一般管理思维决策中，关于"效率"和"公平"孰轻孰重、谁先谁后等一直以来都是十分受关注但却很难把控的问题。从管理学的思维来看，追求资源配置效率最大化是管理工作的根本；而从法律的思维来说，一切活动的基本前提和价值在于能否保证公平的权益安排及分享。尽管这两种维度的思维有其学科特点，但同时也显露出它们的局限性，因此必须变革为"效率与公平均衡"的法商管理思维，即任何管理决策既要追求效率的目标又要维护公平的关系，这样的资源配置、权益安排和经营模式才是最为安全并能够持续发展的。

事实上，效率与公平的均衡关系如同矛盾的两面或太极的阴阳两极，它们相辅相成、相生相克。极端的效率思维和管理决策将导致资源的透支或耗竭，而片面的公平思维又将导致丧失创新或停滞不前。比如，很多企业以"效率至上"作为决策的根本追求，一味强调投资收益最大化，但是因为没有以公平的思维维护

效率与公平的均衡关系如同矛盾的两面或太极的阴阳两极，它们相辅相成、相生相克。

或调整好内部及相关利益群体的关系，反而陷入了赚钱越多问题越多的困境；有的企业管理者为了实现收益最大化做出"野蛮生长"的极端选择甚至越轨经营导致其身陷囹圄并使企业衰败下去。与"效率至上"的管理追求相反，如果片面强调所谓公平又会陷入"大锅饭""平均主义"困境，我国经济第一阶段发展的历程就是如此；而我们曾经基于"保护雇员权益"的公平考虑修订并颁布的新《劳动法》却导致企业投资人的抱怨甚至撤离。另外，如果仅仅基于效率或公平两个端点的思维决策，势必造成极端的震荡，比如，我们前几年对房地产市场的调控要么片面强调"市场效率"主导，要么极端强调"政府公平"主导，这些片面决策都致使房地产市场剧烈震荡。上述所有这些实例或表现都是我们的管理思维分离了效率与公平的内在均衡关系所致。

法商管理强调实现效率与公平均衡的思维决策，能够填补管理理论和实践中缺乏对经济活动"外部性"问题的管理。尽管经济学中研究的外部性问题对企业管理有很重要的理论和现实价值，但是在管理实践中很多企业却从不顾及外部性的巨大投机风险。一方面是我们相关的规则不完善或执行不力，另一方面可以看到现有管理理论和研究成果中几乎没关于如何有效管理外部性问题的研究，致使有些企业以投机心理转嫁应该付出的成本或狡诈地从"负外部性"攫取利益。比如，巧妙变换方式向外排污获利；侵犯他人权利生产假冒伪劣产品获利；等等。而效率与公平均衡的思维决策所实现的管理过程将有助于克服外部性管理的理论漏洞，并在实践中指导企业自觉抵制外部性的不良结果。

法商管理所要坚持的实现效率与公平均衡发展，实际上就是要变革曾经人为分离这两种思维的管理决策，在法商管理决策中既要分析经济要素变量，也要分析规则或法律要素变量，可以说"效率与公平均衡"的思维是新常态背景下管理思维的"升级

法商管理强调实现效率与公平均衡的思维决策，能够填补管理理论和实践中缺乏对经济活动"外部性"问题的管理。

版"。以此管理思维的决策，我们可以超越传统经营的局限和约束，真正实现高屋建瓴的战略选择。比如，我们今天为什么都推崇"合作竞争"的经营方式？实际上这就是"效率与公平均衡"的典型表现：一方面，通过合作竞争能够资源互补提升整体竞争力，实现比单一企业竞争更高的效率；另一方面，合作过程的参与者都能够依据其参与程度或贡献大小分享利益，而这样的公平分享将保持合作竞争的持续优势并各自分担不同的风险。因此，合作竞争的模式实质上就是最具代表性的法商管理思维经营模式。

四、法商管理提升企业价值主张

法商管理新思维将使企业经营从整合资源创造价值提升到"用规则创造价值"的更高经营境界，使企业在游戏规则变革的"升级版"的竞争中游刃有余。在现实中，对于"规则"的界定可以是狭义的或广义的，狭义的理解就是成文的法律、条文、规定等；而广义的理解涉及一切影响人们行为的惯例、规矩、风俗等。事实上，只要能够对社会或个人行为产生影响和约束作用的相关约定都属于规则的范畴。笔者曾经把不同的规则界定为"正式约定"和"非正式约定"。马尔科姆·卢瑟福认为："有些社会规则属于惯例，惯例可能因遵守同一规则符合所有个人的利益而自我实施。法律规范则是由惩罚违抗者的警察力量和司法系统强迫实施的规则。"

法商管理超越已有管理思想的新发现和新理念从根本上来说就是认为经济活动的价值不是仅仅追求资源的有效配置，更关键的是基于什么样的"规则"进行资源配置。通俗地说，传统管理更善于在"整合资源"层面进行资源配置，而法商管理

法商管理新思维将使企业经营从整合资源创造价值提升到"用规则创造价值"的更高经营境界，使企业在游戏规则变革的"升级版"的竞争中游刃有余。

将其提升为"驾驭规则"层面的资源运作，关键是既要能够驾驭正式规则也要能够驾驭非正式规则。如何理解法商管理的核心价值主张——"用规则创造价值"？主要可以从以下三个层面来剖析。

（一）"规则"是创造价值的核心机制

关于这一层含义，一般人容易理解的是"市场经济就是法治经济"，也就是说没有相应的市场活动的法治规章或法律条文，市场经济是不复存在的。然而仅仅停留在法律法规层面上理解或认识市场经济是不深入和不全面的，因为法律法规在市场经济中更主要是产生正式约束机制的作用，但是市场经济更重要的是发挥如马尔科姆·卢瑟福所说的"符合所有个人的利益而自我实施"的动力机制的作用。实际上经济学的鼻祖亚当·斯密所发现的市场这只"无形的手"，从根本上来说就是揭示了价格机制所形成的符合大家利益而自我实施的"规则"是市场创造价值的核心动力机制。由于这种"高质量的规则可能会得到适量预期的效果"，由此引导人们做出市场活动的选择。也就是说，所谓"无形的手"实质上就是一系列引导和约束人们经济行为的规则，因此，我们现在可以更明确或更准确地说：市场经济就是规则经济。这意味着，市场经济中的每个主体不仅要强制遵守相关法律规章制度，还必须自觉践行符合大家利益的非正式约束规则，否则，市场经济将不复存在。

> 市场经济就是规则经济。这意味着，市场经济中的每个主体不仅要强制遵守相关法律规章制度，还必须自觉践行符合大家利益的非正式约束规则，否则，市场经济将不复存在。

（二）"规则"将改变或决定资源的价值

经济活动的前提是需要拥有或具备必需的资源，我们熟悉的传统管理对资源价值的认定往往依赖于这些资源的自然的、物理的或功效的特征，事实上，这样的认识仅仅确定了资源的自然属性的价值。然而，在现代市场经济发展过程中，由市场形成的价格机制对资源的价值改变越来越起到支配或决定的作用，价格机制的很多因素都超越了自然属性的价值因素，而是来自具有社会或心理属性的一系列规则。比如，降低或提高拥有某种资源门槛的规则，或者调控心理预期的规则，或者为维系客户关系改变定价准则等都将带来对特定产品价值的判断，其结果就必然反映到由这些已有资源创造出的产品的价格高低，从而改变或决定这些资源带来的价值。

> 价格机制的很多因素都超越了自然属性的价值因素，而是来自具有社会或心理属性的一系列规则。

（三）"规则"是创业创新的价值突破口

我们今天正迎来"大众创业，万众创新"的经济发展新常态，以及通过全面深化改革的升级发展发现和创造新的"红利"机会，理论上讲这为所有人提供了机会均等的发展契机。然而，要具体把握创业创新的机会就必须敏锐地发现市场需求，从营销学的角度来看就是挖掘新的"蓝海"寻找价值突破口。事实上，在市场或社会转型期因为变革原有"常态"往往会产生许多新需求，因此，我们如果能够从转型的内在机理或根本转变来发现价值突破口将获得最大的发展机会。凯瑟琳·M.艾森哈特认为：传统战略的优势来自挖掘资源和战略定位，而新经济战略的优势来自成功捕捉稍纵即逝机会的"简单规则的战略"。如果从事物转化的逻辑来看，一切变化带来的机会不外乎都是"打破旧规则，重建新规则"而迎来新契机！我们今天讨论的"互联网+"，特别是最典型的案例"滴滴打车"，都是通过变革"规则"寻找到了新的价值突破口。

> 传统战略的优势来自挖掘资源和战略定位，而新经济战略的优势来自成功捕捉稍纵即逝机会的"简单规则的战略"。

五、法商管理重整企业战略运筹

由于一切经济活动都是基于在特定的时间和空间中有效配置资源而展开的，因此企业如何运筹时空实现资源的有效配置就是我们常常强调的企业发展战略。在我国绝大多数企业的发展战略中，我们可以看到几乎都是基于传统管理的资源效益最大化的战略理念进行的战略设计和安排；同样，在战略推进和执行过程中遇到问题或阻碍也是沿袭如何改善资源配置效益而惯用的经济措施和手段来处理。这样的战略理念及措施与现在和未来新常态的"游戏规则"难以弥合，并将导致企业战略上的失误甚至衰退。

比如，在中国最具创新能力和战略运筹的阿里巴巴集团，几年前因为在其淘宝商城推出提高"保证金"制度而遭到商家们的围攻，最后不得不宣布停止新的保证金制度的执行。为什么阿里巴巴集团为了维护淘宝商城的诚信从战略上推出新的"保证金"制度会遭到围攻并被迫撤销？原因是其仅沿用传统的"资源层面"的战略决策即提高保证金以遏制所谓不法商家。尽管阿里巴巴集团力图借助提高保证金的经济手段整肃淘宝商城的初衷是无可置疑的，然而阿里巴巴集团事先并未与商家进行沟通协商，这就违背了市场经济的"契约原则"。因为这些商家愿意到淘宝开店而淘宝又接受了他们开店的请求，因此他们双方已经形成了事实上的合同关系，阿里巴巴集团没有权利单方面改变初始合同而提高保证金。同样，曾经在中国白酒行业具有绝对领导地位的茅台和五粮液，2013 年初因为沿用过去强制执行"价格指令"的经销商管理办法而触犯《反垄断法》，被国家发改委罚款 4.49 亿元；类似因为触犯特定规则不得不付出极大代价或遭到处理的案例仍在不断发生。

为什么这些行业巨头和标杆企业在战略上也屡屡犯错？我们只要深入分析就可以看到：他们的经营战略和管理决策仍然考虑的只是如何有效利用现有资源实现效益最大化，结果他们都有意无意地在"驾驭规则"方面暴露出战略上的极大缺陷。由于在已有的战略管理中，管理者对战略中的核心资源和运行机制的把控还局限于"浅水区"状态下的认识及能力，致使战略设计和执行

我们只要深入分析就可以看到：他们的经营战略和管理决策仍然考虑的只是如何有效利用现有资源实现效益最大化，结果他们都有意无意地在"驾驭规则"方面暴露出战略上的极大缺陷。

都存在与新环境不协调的问题或失误，因此急需通过法商管理创新弥补其战略管理的短板。以下针对主要的缺陷提出重整战略运筹的思路：

（一）善于"整合资源与驾驭规则"

很多企业管理者擅长"整合资源"，但疏于"驾驭规则"。也就是他们对战略的认识和控制都聚集在经济变量的资源要素上，所以制定和执行战略主要是在运筹资源的层面，我们通常把这样的战略管理比喻为"整合资源"的战略，这样的战略更多反映在粗放发展阶段甚至是"野蛮发展"的过程中。然而，在我们今天由追求数量和外延扩张转向提高质量和内涵发展的转型发展中，战略管理的核心资源也从单纯的整合经济变量资源转变为既要能够整合经济资源还要能够运筹规则变量，因为"规则"是一切战略的内在逻辑变量，它将主导和决定其他经济变量的价值。

（二）协调"经济组织与权益组织"

很多企业管理者具有"经济组织"管理能力，缺乏"权益组织"管理意识。现在通常的理解是把企业视作实现盈利的经济组织，因此自然就会得出企业整合的资源都是为盈利而聚集，其中包括物力资源、财力资源和人力资源，其运行机制也是为实现最大化的收益而运作。但是，当我们进入新常态的升级阶段时，我们依靠的核心资源就不是简单的经济资源或技术设备，而是"知识工作者及其生产率"（上文引述的德鲁克语）。需要指出的是，新的核心资源更加突出了"权益关系"而不是简单的因经济目的而聚集，因此，现在的企业组织也可以被视作特定的权益组织①。对于权益组织而言，其基本特征之一就是企业组织与一切资源主

> 很多企业管理者具有"经济组织"管理能力，缺乏"权益组织"管理意识。

> 现在的企业组织也可以被视作特定的权益组织。

_____

① 关于现代企业组织我做过新的分析界定："权益主体+网状关系+规则系统"。在此不赘述，将另文分析。

体都存在和保持着权益分享的契约关系，因此需要建构法商思维的运行机制和规则系统。今天我们很多企业管理问题的深层原因就是简单地用经济手段去处理权益关系的问题，这样必然加剧矛盾冲突，前面所列举的淘宝保证金事件就是典型的例证。

（三）把控"国内经验与国际竞争"

今天一些企业在国际化过程中，时常出现简单地把国内的经验外推到国际竞争的运筹过程中，也就是把国内成功的经验作为国际竞争决策的参考系而导致失误。

很多企业管理者在战略运筹上拥有成功的"国内经验"，但难以掌控"国际竞争"。尽管改革开放已经 30 多年，但是更多企业管理者积累的主要是国内经营的成功经验，今天一些企业在国际化过程中，时常出现简单地把国内的经验外推到国际竞争的运筹过程中，也就是把国内成功的经验作为国际竞争决策的参考系而导致失误。事实上，我们过去的成功经验更多还是在资源整合层面，今天不仅国内经营环境的转变需要我们的管理者具备驾驭规则的能力，在国际化发展中更需要提升管理者驾驭规则的能力。特别是我们的企业在推进国际化战略时，绝不能仅仅在资源层面把国际化战略局限在"产品的国际化""资源的国际化""市场的国际化"等方面。国际化战略从根本上来说，不仅要竞争国际市场还要竞争国际标准，不仅要整合国际资源而更应该善于整合国际规则。

参考文献

［1］彼得·德鲁克. 21 世纪的管理挑战［M］. 朱彦斌译. 北京：机械工业出版社，2006.

［2］赫伯特·A. 西蒙. 管理行为（第 4 版）［M］. 詹正茂译. 北京：机械工业出版社，2004.

［3］凯瑟琳·M. 艾森哈特，唐纳德·N. 苏尔. 作为简单规则的战略［J］. 哈佛商业评论精粹译丛，战略前沿［M］. 北京：中国人民大学出版社，2004.

［4］科尼利厄尔·M. 克温. 规则制定——政府部门如何制定法规与政策（第 3 版）［M］. 刘璟等译，上海：复旦大学出版社，2007.

［5］科斯．企业、市场和法律［M］．上海：三联书店，1990．

［6］马尔科姆·卢瑟福．经济学中的制度：老制度主义和新制度主义［M］．北京：中国社会科学出版社，1999．

［7］萨缪尔森．经济学（中册）［M］．高鸿业译．北京：商务印书馆，1981．

［8］斯蒂芬·P．罗宾斯．管理学（第4版）［M］．黄卫伟等译．北京：中国人民大学出版社，1997．

［9］孙选中．法商管理的兴起［M］．北京：经济管理出版社，2013．

［10］孙选中．现代企业导论［M］．北京：中国政法大学出版社，2004．

本文摘自《创新、创业与企业管理》中国企业管理研究会年度报告（2016~2017），经济管理出版社2017年版。

法商思维对我国经济转型的思考

孙选中

当前中国经济无论是在宏观层面还是微观层面都面临根本的转型和变革，如何认识这种深刻变化不仅影响到我国经济如何渡过难关，更重要的是将决定我国经济的生存与发展。尽管关于中国经济转型使我们面临的新挑战已经有很多分析文章，但是大多数文章的分析几乎还是从已有的经济理论或管理角度进行阐释，也就是从现有经济的发展环境、发展速度或资源效率等方面进行剖析。尽管这些研究也对我们认识经济转型有所启发，但是，笔者认为还需要从法商的视角进行更深入的挖掘。笔者在这里通过法商思维剖析"新常态""深水区""升级版"这三个关于我国经济转型的关键词①的深刻内涵，将有助于对我国经济发展面临的严峻挑战提出新的思考。

---

① 这里所列举的三个关键词是我国现阶段经济发展"顶层设计"常用的关键词，蕴含着我国经济发展变革的深刻含义，无论在理论上或实践上都对我国经济发展具有重要的指导意义。

一、"新常态"的转型思考

关于中国经济转型现在最主流的表述就是要建立"新常态"，而如今对"新常态"的说明主要是从我国经济的增长速度、结构调整、发展方式等方面进行梳理和界定，笔者认为还需要从理论上对"常态"构成的内在因素和演变逻辑进行更深入的分析探讨，以揭示出"新常态"的深刻本质。

所谓"常态"，通常指的是一定阶段或某种状态的稳定格局，而一定的稳定格局都是由特定思维决策主导的一系列规则体系和运行机制所决定的，因此，建立"新常态"就意味着要以新的思维决策建立一系列新的规则体系和新的运行机制。如果要真正认识和把握如今中国经济的"新常态"，还需要对新中国成立以来经济发展形态的更替所形成的不同"常态"进行深入剖析。如果对不同阶段特定思维决策主导下形成的"常态"格局及其演变进行分析，可以发现我国经济曾经呈现了两个明显不同的发展阶段，现在正进入一个新的阶段。基于这样的变化，我们可以将其视为"三段论"的更替变化。

第一阶段：从新中国成立到改革开放初期。这一阶段中国经济发展的决策思维偏重于追求"公平"的发展，力图通过计划分配使每个人获得必需的物质财富和工作机会，因此选择了"计划经济"的一系列规则和运行机制，从而形成了我国在该历史时期的经济常态，这样的经济发展一直持续了30多年。然而，这一阶段的历史发展表明，片面偏重于"公平思维"的计划经济将丧失对资源的有效配置和利用，最后导致"平均主义""大锅饭""生产效率低下"及"财富贫乏"等阻碍经济发展的问题，主导决策的所谓"公平"也只是缺乏经济基础和财富实力的朴素或理想的

建立"新常态"就意味着要以新的思维决策建立一系列新的规则体系和新的运行机制。

公平，由于连基本生存都难以维持，因此这一时期的经济常态必然终结。

第二阶段：从改革开放到中共十八大召开前。这一阶段我国的一切工作都是以大力发展经济和提高生产力水平为中心，通过实施特殊政策让一部分人和一部分地区先富起来，加速财富积累和脱贫致富，加快建设中国特色的市场经济。由此可以看出，这是侧重于追求"效率"的思维决策，基于此探索建立了促进我国经济高速发展的一系列规则和运行机制，并且形成了长达30多年的又一个经济常态。这一阶段的历史发展表明，极端的追求经济发展的"效率思维"将导致"差别扩大""资源集中""分配不公"甚至"权利失衡"等严重影响经济发展的问题，因此这样的经济常态也很难再持续。

第三阶段：自中共十八大以来的新政时期。这一阶段的新政已经明确提出"四个全面"的建设目标，并以此为工作重点建设"新常态"。可以理性地判断：因为第一阶段和第二阶段都已明显地暴露出经济发展不能够持续的问题，甚至产生和积累了影响国家生存发展的许多严重问题，因此，我国经济进入第三阶段的"新常态"都不应该也不会简单重复前两次的"常态"，必然在宏观和微观层面都产生根本的转变。面临新的转型，管理者必须思考和厘清：新的阶段将以怎样的思维决策为主导？基于这样的思维我们应该如何把握符合新常态的"新规则"和"运行机制"？

我国经济进入第三阶段的"新常态"都不应该也不会简单重复前两次的"常态"，必然在宏观和微观层面都产生根本的转变。

二、"深水区"的转型思考

如今我国的全面深化改革也被形象地比喻为进入改革的"深水区"，一般而言，"深水区"所隐含的就是其可能存在的问题比

"浅水区"的问题更为复杂或风险更大。然而，我们对"深水区"的形象描述容易理解，而对"深水区"改革的深刻内涵还缺乏足够的认识。从全面深化改革的角度来看，"浅水区"与"深水区"到底有什么根本区别？这将对经济发展变革带来怎样的挑战？

如果我们从日常经验来判断，稍有游泳知识或经验的人都知道"浅水区"可以摸索着蹚水而过，但是面对"深水区"就必须在进入之前做好充分准备，例如，练就游泳的基本功、备好必要的安全设备、详查水流和水下的情况等。事实表明，"浅水区"和"深水区"是两种不同的"玩法"，其根本原因是两者的"游戏规则"存在本质区别。

现在我国进入"深水区"的改革对经济发展变革的根本挑战是：我们在改革开放前期的"浅水区"依循的"摸着石头过河"的游戏规则，现在要转变为进入"深水区"必须遵循的"把控变化，驾驭前行"的新游戏规则。这对经济决策和管理变革而言，就是要求管理者不能够再简单沿用过去成功的经验或模式，一方面是因为"深水区"试错的风险和成本都非常高，甚至会导致不可挽回的损失；另一方面是因为"深水区"很难甚至几乎不可能"摸着石头过河"。这既对政府管理也对企业管理有重要的启发，例如，2016年初在证券市场的"熔断机制"的仓促实施和尴尬停止就是在"深水区"改革中缺乏系统的治理规则和治理能力的典型教训；另外，证券市场上出现的"宝万博弈"也警示我们的企业管理者要适时改变如今的经营方式。现在的经营不是仅仅在资源层面上竞争，而是随着市场经济的深化发展，各种运行规则的作用越来越突出，因此需要从在"浅水区"仅以整合资源获得竞争优势转变为在"深水区"必须"把控变化，驾驭前行"的游戏规则。

> 我们在改革开放前期的"浅水区"依循的"摸着石头过河"的游戏规则，现在要转变为进入"深水区"必须遵循的"把控变化，驾驭前行"的新游戏规则。

三、"升级版"的转型思考

如今描述中国经济在新时期的变化，我们也更多使用了"升级版"来加以表述。然而，怎样把握升级版的内涵？如果通过哲学思维来分析，可以深入浅出地予以解释：所谓"升级版"，可以理解为超越已有状态通过螺旋式上升发展到新的高度，因此升级版的内涵不是指发展的"量变"而是"质变"，并且一切质变都是由内在的核心要素和联系方式的根本变化所决定的。以此认识，我们可以界定通常在经济管理中所谈到的经营模式，实质上就是由核心资产及其运行机制形成的创造价值的方式。因此，无论从宏观或微观经济运行来看，经营模式的质变过程都与其内在核心要素及其运行机制的本质变化密切相关。

现在中国经济已经进入升级发展的变革期，导致我们很多管理者极度地不适应，因为他们自己过去驾轻就熟获取红利的方式已经不再灵验了，过去依靠低成本资源的粗放发展或"野蛮生长"再也行不通了，如今不得不重新谋划新的变革和经营模式。

但是，怎样才能真正实现我国经济发展和企业经营模式的转型升级？从根本上来说，就是要从我国经济粗放发展阶段所依赖的有价值的低成本资源的经营机制转型升级为依靠新的核心资产创造价值的经营机制。例如，我们曾经拥有的"廉价劳动力""规模经济""复制模仿"等竞争优势需要用"智能劳动载体"①"互联网经济""自有知识产权"等创新的经济资源和经营机制进行升级改造或替代。彼得·德鲁克在《21世纪的管理挑战》中也曾指出："20世纪，企业最有价值的资产是生产设备。21世纪，

从根本上来说，就是要从我国经济粗放发展阶段所依赖的有价值的低成本资源的经营机制转型升级为依靠新的核心资产创造价值的经营机制。

---

① 这里所指的"智能劳动载体"主要包括知识劳动者、人工智能机器人等区别于以往低成本资源的新型的更高价值的资源。

组织（包括企业和非营利性组织）最有价值的资产将是知识工作者及其生产率。"由此也可以说，我们升级发展面临的主要挑战就是基于"知识工作者及其生产率"的核心资产及其运行机制，如何有效地变革我们过去基于"生存设备"和廉价劳动力资源所积累的成功经验和熟悉的经营模式。

升级发展面临的主要挑战就是基于"知识工作者及其生产率"的核心资产及其运行机制，如何有效地变革我们过去基于"生存设备"和廉价劳动力资源所积累的成功经验和熟悉的经营模式。

四、法商思维的核心内涵

这里对三个关键词的阐释主要是引发我们对中国经济转型的新认识，然而立足于已有理论或思维方式很难对我们经济转型的严峻性和革命性有深刻的本质性的认识。但是通过法商思维对以上经济转型的三个关键词进行深入解析，可以进一步发现经济转型的实质并由此获得新的启示。

所谓"法商思维"，指的就是经济价值观主导的"追求效率"思维方式同法治价值观主导的"追求公平"思维方式的有机结合，以实现主体权益均衡发展的决策思维。① 在现有的思维模式中，无论是在理论还是实践上，一方面，通常都把经济和管理活动的思维导向"效率至上"，因此自觉不自觉地就把经济管理活动的决策局限在了追求和实现效率最大化的思维模式上；另一方面，又把法治的治理活动界定为以实现公平为目的的思维决策，因此谈及法律都自觉不自觉地考虑公平问题。事实上，效率和公

---

① 笔者曾经把法商管理界定为"在经商和法治的价值观及方法论的相互作用下，合理实现企业目标的管理过程"（参见《法商管理评论》（第一辑），经济管理出版社 2015 年版，第 3 页）。接下来，笔者在多次学术会议及论坛上进行了更加具体的新阐释："法商管理就是追求效率的经商的价值观和方法论与追求公平的法治的价值观和方法论有机结合，以实现效率与公平均衡发展的管理过程。"在笔者后来进一步的探索和思考中，终于更深刻地领悟到："法商管理就是追求效率的经商的价值观和方法论与追求公平的法治的价值观和方法论有机结合，以实现主体权益均衡发展的管理过程。"而这里法商思维的界定就是基于笔者提出的最新的法商管理内涵而做出的定义。这其中的关键词从"实现效率与公平均衡发展的管理过程"提升为"实现主体权益均衡发展的管理过程"。关于这种认识的转变，笔者将在接下来关于法商思想演变的专著和论文中再详细说明。

平是相辅相成的思维的两个侧面，是须臾不能分离的经济活动的内在矛盾的动力，它们的相互作用推动着经济活动的不断发展。然而长期以来，这个统一体被人为地分离开了，导致了我们的经济活动经常出现或陷入要么是爆发式的极端发展，要么是停滞不前的怪圈。法商思维实质上就是从根本上使效率与公平思维有机整合，真正实现既经济高效又权益公平的均衡发展。

我们这里所界定的"法商思维"蕴含四个要点：第一，关于法商中的"法"的界定，狭义来看主要是指法律条文、成文的规章制度等；但是在这里对法商中"法"的界定是从广义上加以理解，也即影响人们行为的各种规则。第二，这里所界定的"公平"主要是从经济和管理的角度强调对经济资源的配置既要考虑有效率的实施方法，还要考虑权益公平的共享价值。第三，我们熟悉的经济管理思维方式强调的是"追求效率"，而法治思维方式强调的是"追求公平"，这样人为地把两种思维方式加以分离似乎已成为人们司空见惯的做法，而法商思维的核心内涵就是强调这两种价值观和思维方式的有机结合。第四，经济发展和管理过程不能仅仅在"效率"和"公平"两个极端点做出选择，这样必然带来"追求效率"与"追求公平"非此即彼的不断震荡，不利于经济持续稳定的发展，因此应该保持和实现"效率与公平均衡"。

基于法商思维的内涵和特点，我们可以提炼出法商思维的核心内涵：其一，"效率与公平均衡"是法商思维的基本原则；其二，"整合资源+驾驭规则"是法商思维的管理模式；其三，"用规则创造价值"是法商思维的价值主张；其四，"追求财富安全持续发展"是法商思维的战略选择；其五，"实现主体权益均衡发展"是法商思维的决策原点。这些核心内涵构筑了法商思维新的发展理念和创造财富的全新模式。

法商思维实质上就是从根本上使效率与公平思维有机整合，真正实现既经济高效又权益公平的均衡发展。

五、法商思维的转型思考

基于法商思维的内涵和特点来对中国经济转型的三个关键词进行解剖，可以使我们获得关于中国经济未来发展的更深刻的理解：

（1）"新常态"建设需要"效率与公平均衡"的思维决策。如果说在中国经济发展的第一个阶段因更加偏重于"追求公平"的思维决策而选择了计划经济，从而导致了我国经济发展效率和生产力的低下；而在第二个阶段突出强调"效率至上"的经济发展也带来了资源透支、差距扩大、权力集中等不利于经济持续发展的问题。那么，在我们发展的第三个阶段，应该保持前两个阶段有益的发展因素并克服不利的方面，在本质上必须把曾经有意无意分离的"公平"和"效率"的极端发展加以弥合，追求并实现效率与公平的均衡发展，也就是既要最大限度地创造财富又要让所有参与者分享到深化改革发展的成果，否则会使我们的全面深化改革半途而废，从而对中国经济的持续发展极为不利。

（2）"深水区"改革实质上就是要重建游戏规则。如今很多经济活动的运行规则和机制都是过去在两个极端状态下建立起来的，这些规则在特定的发展阶段有其存在的意义或是在特定条件下的阶段性决策选择。但是在今天中国经济发生新的甚至是根本性转型的背景下，需要我们重新审视这些规则，坚持"良法善治"的立法主张，围绕"效率与公平均衡"的法商思维方式，慎重地废除、修改或重建一系列规则和运行机制，真正从规则变革上推进和实施我国新的发展阶段的全面深化改革。

（3）"升级版"就是要促使中国经济真正转变以实现"质变"飞跃。尽管我们今天已经形成了中国经济必须升级发展的共

> 在我们发展的第三个阶段，应该保持前两个阶段有益的发展因素并克服不利的方面，在本质上必须把曾经有意无意分离的"公平"和"效率"的极端发展加以弥合，追求并实现效率与公平的均衡发展。

> 围绕"效率与公平均衡"的法商思维方式，慎重地废除、修改或重建一系列规则和运行机制。

识，但是升级的真正内涵是什么、如何实现升级？如果用法商思维来看，我们升级的首要任务就是要发挥每个人的创造积极性，这就必须从我国经济粗放发展阶段所依赖的有价值的低成本资源的经营机制，转型升级为依靠新的核心资产创造价值的经营机制。因此，升级发展的根本问题将是如何发挥每个人或组织这样的"权益主体"的创造性以实现核心资源的创新价值。我国深化改革已经进入到必须啃"硬骨头"的深层次改革阶段，笔者认为真正的"硬骨头"就是如何围绕"主体权益"建立新的规则，只有这样才能够最大限度地解放生产力，真正释放出创新的"红利"。今天我们大力推行的"双创"政策、"互联网+"等政策，为每个权益主体发挥各自的潜力提供了政策环境，但是要真正形成创新发展机制，还必须运用法商思维探索和创建适应新时期发展的新规则，如"滴滴打车"模式的挑战就是考验我们能否用法商思维实现出租车管理规则和运行机制的升级发展。

总之，面对中国经济"新常态""深水区"和"升级版"的转型发展，法商思维从全面深化改革的内在机理对新发展阶段的"决策思维""规则机制"和"质变逻辑"进行深入分析和思考，将对我们全面深刻地理解并把握我们所面临的根本转变具有理论和实践的指导意义。

2016 年 5 月 31 日

本文摘自《法商管理评论》（第二辑）代序，经济管理出版社2016 年版。

> 真正的"硬骨头"就是如何围绕"主体权益"建立新的规则，只有这样才能够最大限度地解放生产力，真正释放出创新的"红利"。

第二部分　实践解析

Practice Analysis

契约理论的"法商思维"逻辑

孙选中

北京时间 2016 年 10 月 10 日下午 5 点 45 分，诺贝尔委员会宣布，将 2016 年诺贝尔经济学奖授予奥利弗·哈特和本特·霍姆斯特姆，以表彰他们对契约理论做出的贡献。从昨天到今天各种媒体上最热的关键词当属"契约理论"，这种热度当然直接来自 2016 年备受关注的两位学者对契约理论的新贡献，他们由此摘取了诺贝尔奖皇冠上的经济学奖宝珠，也预示着在理论上作为经济学研究前沿分支的"契约理论"将成为主流的研究领域。同时，我们还应该感悟到这有着更深层次的意义，那就是借此可以更广泛地传播契约理论的思想和思维方式，真正推动在我们社会中塑造契约精神和诚信原则。

关于"契约问题"的研究实际上早在霍布斯、洛克和卢梭的经典著作中已经成为社会关系理论的核心问题，然而他们更多是从"社会契约"的角度进行分析，由此奠定了"社会契约论"的理论基石。继之而来的研究更多地来自美国和英国的一些学者，他们更主要是从法哲学或契约法的视角研究"关系契约"问题。

经济活动从本质上也就是一系列对资源和权利进行合理安排的契约问题。

"良好的契约关系"设计和安排能够最大限度地降低交易的关系性或制度性成本，同时实现资源使用效率的相对最优。

可以说契约理论的思维逻辑就是法商思维强调的实现"主体权益的效率与公平均衡"的思维逻辑。

因为经济活动从本质上也就是一系列对资源和权利进行合理安排的契约问题，因此，对经济活动进行契约理论研究也就顺理成章地成为近30年来重要的经济学研究分支。

从经济学视角来研究的"契约理论"，主要是针对特定交易环境下分析不同的参与者通过建立合同关系产生的经济行为和结果。事实上，当今社会的生活和工作都是基于经济活动而存在并产生变化的，可以说契约与合同无处不在，关键是如何设计和安排直接涉及参与者的"权益"问题，以实现经济资源的最佳使用和保障各参与者的基本利益。"良好的契约关系"设计和安排能够最大限度地降低交易的关系性或制度性成本，同时实现资源使用效率的相对最优。社会经济活动千变万化，各种协调合同人关系的契约不尽相同，怎样设计和安排"良好的契约"？这从根本上来说，需要把握契约理论的思维逻辑。

如果我们从"法商思维"的角度深入剖析"契约理论"的思维逻辑，可以揭示出其内在的思维脉络。所谓法商思维指的是经济价值观主导的追求效率的思维方式同法治价值观主导的追求公平的思维方式的有机结合，以实现主体权益均衡发展的决策思维。[①] 而契约理论分析的特定交易环境下合同人之间产生的经济行为和结果，应该是基于如何使合同人的互动产生最优的合作效果——追求效率，以及如何使合同人的合作产生合理的利益分配——追求公平，因此可以说契约理论的思维逻辑就是法商思维强调的实现"主体权益的效率与公平均衡"的思维逻辑。

如果我们用契约理论的"法商思维"透视或分析我国宏观层面的某些现实问题（关于微观层面问题将另文分析），也许能够启发我们如何突破现实发展的瓶颈问题或如何推进全面深化改革的决策思维。

---

① 孙选中. 法商管理评论（第二辑）[M]. 北京：经济管理出版社, 2016.

比如，我国中小企业融资难的问题。这个问题实际上已经不知谈了多少年了，但是为什么一直都解决不了？站在中小企业的角度看这个问题，更多的观点集中在应该为中小企业融资创造良好的公平竞争环境；站在银行等金融机构的角度，它们认为中小企业资源使用效率低、风险大，所以不愿意输送金融资源。如果从契约理论的法商思维逻辑来看，在中小企业融资问题上我们的现状是把"效率与公平"内在统一的契约关系撕裂了，问题的根本是什么？是因为我们的资源配置没有形成市场机制的契约关系。

在真正的市场机制中，经济资源是充分流动和开放的，通过拥有和使用资源的合同各方遵循效率与公平均衡的原则对合同人做出选择，产生的经济行为和结果由合同各方自己负责，就不会出现一方抱怨"不公平"，另一方强调"效率低"的怪现象。因此，我国中小企业融资难问题只有通过建立市场机制让契约关系发挥作用才能够真正解决。

又比如，我国房地产市场的波折或扭曲发展问题。当前，我国房地产市场的跌宕起伏不仅直接影响我国经济的发展，也已经成为世界经济震荡甚至危机的主要致因。尽管影响我国房地产市场变化有许多经济、政治、社会、文化的因素，但是如果通过契约理论的法商思维分析，可以看到我国房地产市场在宏观层面上是缺乏市场机制的契约关系的，参与各方的行为和结果都存在极大的不确定性；同时因为政府的政策主要是在"效率"或"公平"两个极端点上来回跳跃的决策思维，一次次加剧了我国房地产市场的震荡！也即，要么推出"一揽子"措施刺激房地产快速发展，要么"一刀切"把所有的权利收归政府。也就是一会儿要追求房地产市场的"效率"，一会儿又要强调房地产市场的"公平"，但是归根结底在我们政府的房地产政策决策中缺乏"效率与公平均衡"的思维，这必然导致我们的房地产市场很难均衡地发展。

> 如果从契约理论的法商思维逻辑来看，在中小企业融资问题上我们的现状是把"效率与公平"内在统一的契约关系撕裂了，问题的根本是什么？是因为我们的资源配置没有形成市场机制的契约关系。

我国全面深化改革进入"深水区"的关键难点是"破立规则问题"和"主体权益问题",但是要解决好这两个问题就必须形成"效率与公平均衡"的契约关系。

对于网约车这种共享经济模式如何实现效率与公平均衡,从理论和实践上都应该基于"方便、安全、共享"的原则来制定相应的规则。

再比如,关于如何管理网约车的新政问题。在2016年7月28日国务院新闻办举行的新闻发布会上发布的酝酿已久的出租车改革及网约车新政方案,终于使网约车的合法地位得以明确,对此我发表了《网约车新政破解"深水区"改革密码》的短评文章。该文借网约车新政的发布指出,我国全面深化改革进入"深水区"的关键难点是"破立规则问题"和"主体权益问题",但是要解决好这两个问题就必须形成"效率与公平均衡"的契约关系。

然而,近日来围绕数个城市出台的网约车实施细则的征求意见稿,又把网约车新政问题的讨论推上了舆论的风口浪尖,因为多个城市的网约车实施细则的规则是否经得起"效率与公平均衡"的推敲?事实上,网约车的出现是新经济中的重要模式之一——"共享经济"的具体表现形式,对于网约车这种共享经济模式如何实现效率与公平均衡,从理论和实践上都应该基于"方便、安全、共享"的原则来制定相应的规则,然而现在的征求意见稿中某些细则很难形成方便、安全、共享的市场契约关系。在这里提醒有关网约车政策的具体制定者,能否用"效率与公平均衡"的思维,利用市场机制的契约关系真正发挥网约车"共享经济"的积极作用?

基于以上的透视和思考,可以说,深刻领悟契约理论中的法商思维逻辑,可以拓展我们分析我国转型发展中诸多问题的新思路,这将有助于我们在解决现实问题过程中调整和安排"效率与公平均衡"的契约关系及相应的规则。

本文摘自《法商架构师的兴起:案例分析》,经济管理出版社2017年版。

法商管理，助力中国经济升级

孙选中

中国的改革开放正面临建基于过去 30 多年发展的"新起点"，即从浅层次的改革探索进入全面深化改革的"深水区"，或被称为一种改变过去获取红利和发展模式的"新常态"。从经济社会角度而言，就是从粗放的"野蛮生长"全面转向理性的"文明发展"。

一、新环境与新问题

回顾改革开放走过的发展历程和透视现在面临的全面深化改革的挑战，我们所处的国内外环境已经或正在发生哪些新变化？我们面临哪些按照传统思路和方法难以解决的新问题？

国内改革环境最核心的变化主要可以概括为两个方面：其一，从追求数量为主的发展转变为以提高质量为主的发展；其二，从外延扩张为主的发展转变为以内涵挖掘为主的发展。这两种转变尽管我们提了许多年，但是并没有真正转变过来。

其一，从竞争市场为主转变为把控标准为主；其二，从整合资源为主转变为整合规则为主。

对国际竞争环境变化虽然存在不同的表述，但最为关键的变化也可以概括为两个方面：其一，从竞争市场为主转变为把控标准为主；其二，从整合资源为主转变为整合规则为主。

由于以上国内外新环境的变化，而我们的理念、方法、模式还沉溺于传统的成功经验中或滑行在过去发展的惯性之道上，使我们很多机构组织和管理者碰到了许多棘手的新问题，在这里仅仅列举某些具有代表性的企业面临的尴尬问题。

第一，马云的淘宝商城为了规范经营和整治投机商而推出提高保证金的制度，却遭到众多商家的围攻并演绎成"十月围城"，以至于马云不得不放弃此项有助于诚信建设的改革。我们不禁会问，为什么有助于淘宝网店商家规范化发展的制度会遭到强烈的反对？

第二，茅台、五粮液等名酒的产品是市场追捧的稀缺产品，因此它们长期以来形成了企业自己严格渠道管理以维护市场价格的管理模式，无论是各种性质的渠道商还是不同类型的消费者对它们的经营都习以为常，但是，2013年初国家发改委对这两家白酒企业开出了4.49亿元的罚单。人们又不禁要问：为什么它们按照固有的方式经营突然之间就不灵了呢？

第三，TCL集团在法国的成功跨国并购，依照相关的协议和经济补偿制度处理好了解雇员工的工作，按照国内的"买断工龄"的经验，TCL可以另起炉灶招聘员工进行新的生产，而此时当地被解雇的员工通过法律方式提出了维权诉求，致使TCL不仅再给予经济赔偿，更为严重的是丧失了商誉。为什么在国内行之有效的方式在境外却带来这么大的损失？

这里所列举的几个典型案例和问题，足以引发我们对新环境背景下产生的新问题所提出的严峻挑战的深入思考。事实上，我们面临的新问题远远不只是对企业活动提出的挑战，同样对政府和各社会组织以及生活在新环境背景下的每个人，都提出了同样严峻的挑战。

二、法商管理的兴起

以上列举的具有代表性的案例都是耳熟能详的知名企业和行业翘楚所面临的新问题。为什么它们所具有的丰富经验和聪明才智在这些问题面前戛然而止？根本原因在于，这些问题的性质完全改变了，这些新问题不再是单纯的商业经营问题，而是商业和法律的规则变量交织产生的"法商问题"。从法商思维的角度，我们可以看到这类问题的实质。

第一，淘宝遭受的"十月围城"问题的实质是因为与市场经济的契约原则相背离，马云在淘宝商城建设之初与淘宝店主之间的经营关系已经形成事实上的合同关系，现在要提高保证金额度就是改变合同条件，需要经双方重新协商。

第二，茅台等白酒企业被罚是因为它们简单沿袭传统行之有效的经验管理，当经营环境和管控规则已经发生改变时，这两家企业并没有随之改变自己的经营模式导致其以身试法，要知道中国在 2008 年就颁布实施了《反垄断法》。

第三，TCL 对法国被并购企业的解雇员工的处理套用了国内的经验办法，然而当地为保护劳动力市场做出了首先在解雇员工中优先招聘一定比例员工的法律规定，简单在国外市场推行国内的办法，必然触及或违反相关的规则而遭受损失。

这类问题的出现是我们过去所不曾经历的，所以简单沿用之前的经验和办法是无济于事的。对这类法商变量和规则交织作用产生的法商问题，必须运用创新理念、方法和模式的"法商管理"。

所谓法商管理，就是追求效率的经济活动的价值观与方法论同追求公平的法治活动的价值观与方法论有机结合，以实现效率与公平均衡发展的管理过程。需要指出的是，这里所指称的"法"既包括狭义的法律条文或规则，又包括广义的行为规范或规则，实际上就是人们理性合规的行为准则。同时需要强调的是，法商管理的适应主体绝不仅仅是指企业，而是所有与经济运行相关的活动主体及机构，包括政府、社会组织以及每个家庭和个人。

基于法商管理视角的分析，以上列举的典型问题的共同特征是：在新环境背景下所面临的新问题不再是单纯行为层面的问题，更多涉及制度层面如何把握、运用和建立规则的问题。因此，我们认为，与过去获取红利方式不同，现在发生了根本转变，就是从轻视规则的"野蛮生长"改变为重视规则的"文明发展"。

如今，新一届国家领导人确立了运用"法治思维和法治方式"推动全面深化改革，"依法治国"成为党的十八届四中全会的主题，"法治中国"顶层设计呼之欲出。在这样的宏大背景下，法商管理必将助力打造"中国经济升级版"。

本文摘自《财经国家周刊》2014 年第 22 期。

> 在新环境背景下所面临的新问题不再是单纯行为层面的问题，更多涉及制度层面如何把握、运用和建立规则的问题。

万科股权之争的警示

孙选中

　　这几天尽管有英国脱欧、夏季达沃斯论坛等新鲜话题，但是沸沸扬扬已有大半年之久的万科股权之争还是成为各大媒体关注的焦点问题，充分说明这一问题蕴含着深刻的谈资价值。我认为，除了要关注万科股权之争跌宕起伏的博弈较量的演变情节，更重要的是我们还应该由此反思：万科股权之争对我们的经营管理者有哪些警示？

　　谈及今天的万科股权之争，我回想起在 2012 年 11 月 9～10 日，我与王石及其他 10 多位企业家和学者应邀参加在英国伦敦商学院主办的"中国商业的未来：机会与挑战"论坛，当时王石是直接从美国哈佛商学院赶到了伦敦商学院。在伦敦商学院院长举行的家宴欢迎仪式上，我与王石进行了简短交流，我向他提出我多年的思考，中国企业正处于从传统管理向"法商管理"的转型时期，因此企业经营者的能力修炼不仅是玩转资源，更重要的是驾驭规则。王石当时回答，法商思想与中国文化和现实还有很长距离，中国的企业问题还需要从企业伦理上寻求新的提升，并说明他到哈佛商学院选择的课程主要是文明史、哲学和伦理类的课

中国企业正处于从传统管理向"法商管理"的转型时期，因此企业经营者的能力修炼不仅是玩转资源，更重要的是驾驭规则。

程。这是否可以窥见王石更相信并坚持用伦理价值观维护和延续万科公司生命的战略之道？

我相信人们对王石及其管理团队成就了当今万科公司的卓越标杆是不可否认的。现在的问题是还需不需要王石及其管理团队继续万科30年左右的辉煌卓越？当然，我们现在很难断定王石及其管理团队留任或不留任，万科能否继续创造辉煌，但是从法商思维来看，万科的股权之争给我们所有企业经营者都上了一堂生动的公司经营的法商管理课，从中我们可以深刻地感悟到法商智慧透视出的重要警示。

公司战略需要高瞻远瞩的"愿景"，更需要"权益为本"的战略安排。

警示之一：公司战略需要高瞻远瞩的"愿景"，更需要"权益为本"的战略安排

在公司战略管理中，怀揣梦想的创业者或企业家都会不辱使命地架构其高瞻远瞩的"愿景"，由此凝练成企业的价值观和文化体系。可以说王石建立万科之初就深谙公司愿景的价值引导作用，由此建立的"健康发展"和"诚信经营"的万科文化体系的确使万科公司的经营业绩很快超越了竞争对手。在2015年"宝万股权之争"时我在一次论坛上就谈到，王石为什么坚决抵制"野蛮人"的进入，因为他的价值观容忍不了在"健康"和"诚信"方面存在质疑的宝能系。

如果按照传统的企业管理理论解读王石的万科经营战略几乎是无可指责的，特别是事实说明他的战略初心是正能量的，他及其团队的经营是成功的。然而，现在反思王石的战略理念，由于他超强的公司愿景信仰使其忽视或淡化了公众公司的"权益战略"。需要说明的是王石并不缺乏权益意识，他在20世纪90年代中期主动请缨进行的股份制改革，以及前几年进行的合伙人制度改革等都是在进行权益的安排。但是从法商视角透视可以发现，今天股权之争反映出来的争议在于他偏重于"内部人"的权益安排，而忽视或偏离了公众公司应该从开放的环境下设计或制定"权益战略"。正因如此，才有许多人直戳当下万科的核心痛点并问道，王石及其管理团队为什么几年前要放弃那么大比例的股权？

事实上，不管万科股权之争的结局如何，对我们其他企业特别是一心追求上市的企业都需要深度思考一个问题：你们做好了"权益博弈"的战略准备了吗？据一家调查公司对美国上市公司CEO 的调查，他们有效工作时间中至少 50% 的精力要投入到在公开市场的"收购或反收购"，特别是防止"恶意收购"的博弈中，而这也就是德国及日本很多优秀公司不愿上市的主要动机。今天，在我们国家很多企业被一些聒噪者忽悠成了见面就问"你上市了吗"，这样非理性的甚至以圈钱为上市动机的企业相比于"王石"们的上市公司还差得很远，你们切记需要三思而行！

警示之二：企业领袖不仅要能够"整合资源"，更需要"驾驭规则"的超强能力

在我们的企业经营中，"整合资源"成为诸多企业领袖们比拼的核心竞争力标准，因为今天企业经营所需的资源越来越稀缺，因此，谁能够抢占并有效利用稀缺资源，谁就是该领域难以逾越的王者。客观说来，王石及其管理团队领导下的万科，不仅在中国甚至在世界上都已经在房地产领域确立了王者风范！然而，今天的国际、国内市场竞争正在从"整合资源"的竞争升级为"整合规则"的竞争。特别是行业中的企业领袖们，无论你们构筑了多么强大的资源堡垒都有可能留下破绽，关键是最容易导致企业领袖决策失败的破绽是什么？怎么识别和防范这样的风险？

事实上，在企业经营的各种领域中都存在和演绎着"各领风骚十来年"甚至更短的"城头变幻大王旗"的故事：曾经不可一世的柯达和富士退场了；占据世界通信霸主地位的诺基亚下台了；宝洁公司、沃尔玛公司等这些资源竞技场上强大到不可比拟

企业领袖不仅要能够"整合资源"，更需要"驾驭规则"的超强能力。

的公司都深陷于新的岌岌可危的境地。是什么因素使这些领袖们演绎着来去匆匆？

用法商智慧的新战略剖析就会发现：单纯用资源竞争很难战胜这些大佬企业，但是他们往往在维护资源堡垒过程中留下了与之相应的"整合规则"的破绽！道理很简单，任何资源的价值都受到一定的规则约束，拥有资源越多，驾驭规则的能力就必须越强，因为一切整合资源的过程都是建立在规则之上的契约关系，而维护这样的契约关系的成本也必然会越高。如果柯达、富士、诺基亚等主要是因为技术规则的改变导致其失败，那么宝洁、沃尔玛等可能会因为今天平台组织的新规则致使其深陷窘境；我国的公司经营最容易因为公司治理规则的破绽导致其受挫。过去国美的黄光裕是如此，万科今天面临的也是因为驾驭公司治理规则成为软肋而被撕破。

以上两个方面的警示都赫然昭示：对公司的管理运作不能仅用经济组织的思维方式，片面以追求资源效率最大化进行愿景设计和资源整合，而要认识到公司的本质既是有效配置资源的特定机制，又是权益安排的"法商组织"。因此，万科股权之争对我们所有企业经营者最根本的启示就是：必须以法商思维指导企业坚持"权益为本"的愿景，通过"整合资源和驾驭规则"的法商智慧的战略制定及实施，为企业铺就真正安全和持续的发展之道！

本文摘自《法商架构师的兴起》，经济管理出版社 2017 年版。

> 任何资源的价值都受到一定的规则约束，拥有资源越多，驾驭规则的能力就必须越强，因为一切整合资源的过程都是建立在规则之上的契约关系，而维护这样的契约关系的成本也必然会越高。

> 要认识到公司的本质既是有效配置资源的特定机制，又是权益安排的"法商组织"。

中兴通讯巨额受罚的真正"病根"

孙选中

　　《证券市场周刊》2017 年 3 月 9 日以《中兴通讯认罪，支付 8.92 亿美元罚款，风险几何?》为题，报道了中兴通讯的这条令人痛心和震惊的重磅新闻! 据报道，在中兴通讯于 2017 年 3 月 8 日的公告里提到: 鉴于本公司违反了美国出口管制法律，并在调查过程中因提供信息及其他行为违反了相关美国法律法规，本公司已同意认罪并支付合计 892360064 美元罚款（注: 按 6.9 的汇率为人民币 61.57 亿元）。

　　国人皆知，中兴通讯是多年来我们以"中兴华为"而自豪并称的我国最成功的高科技跨国企业之一，从他们在全球经营所向披靡的成功经历来看，很难把中兴通讯因"违反了美国出口管制法律，并在调查过程中因提供信息及其他行为违反了相关美国法律法规"而受罚这样的"小儿科"失误联系起来。然而，确实是他们真的犯了小儿科的"愚蠢"错误。

　　人们不禁会问，中兴通讯是我国企业中少有的具有丰富国际化经营经验的跨国企业，难道不知道一个国家进出口的相关管制法律? 特别像美国这样的国家，其相关法律规定是相对稳定的，并且还几乎是可以公开查询到的，为什么还要犯这样低级的错误？（暂且不对美国相关法律设限做分析）退一步说，我们很多企业已经高度重视经营活动中的法律问题，并且很多企业设立了法规部或法务部，像中兴通讯这样的大型跨国企业应该早已设立了风控管理的法规部，难道法规部中这些专业的法律专家也没有注意到这些明显的法律问题？

关于这样的一些问题，我相信中兴通讯都能够给予正面的回答，并且由此检视到自己在处理这些法律事务中的不足，正如中兴通讯董事长兼 CEO 赵先明博士所表示的："中兴通讯承认违反美国出口管制相关法律法规，愿意承担相应的责任。公司将继续积极致力于变革，并且制定了新的合规流程及重大人事调整。我们从这次经历中吸取了很多经验教训，将努力成为出口管制合规治理的典范，致力于打造一个合规、健康、值得信赖的新中兴通讯。"从赵董事长的诚恳表态和立志变革的决心，我们相信中兴通讯将从这次重大失误中力争"吃一堑，长一智"；由此也可以推断，如今的中兴通讯一定是管理层甚至全员动员从这次重大失误中进行梳理和排查问题，使公司积极致力于变革。

但是，基于我 20 多年积累的法商理论研究和法商思维独特视角分析，从赵董事长提到的"致力于变革"和"制定了新的合规流程及重大人事调整"来看，我认为中兴通讯不一定真正找到了这次重大失误的"病根"。因为中兴通讯的这次重大失误是我们今天的企业决策者普遍存在的"致命通病"。然而，我们现在已有的管理学理论和经济学知识都很难发现这种失误的真正"病根"。

"病根"之一：这是我们企业只会运用单纯的"管理思维"埋下的隐患

关于"管理思维"，我相信只要是从事经营管理的决策者，

> 我认为中兴通讯不一定真正找到了这次重大失误的"病根"。因为中兴通讯的这次重大失误是我们今天的企业决策者普遍存在的"致命通病"。

不管是从书本上学到的还是自己在经营实践中悟到的，都有一种"资源价值最大化"的思维，也就是如何使自己投入的有限资源产生最大化的产出，凡是基于这样的思维进行决策就是典型的管理思维。可以说，我们今天的绝大多数企业决策者对这样的思维深信不疑，事实上，这也是现在已有的管理学和经济学的思维精髓。

然而，现在我们所熟练掌握的管理学和经济学主要是在"资源"层面上揭示了资源价值最大化可能承担或付出的成本，所以我们在进行决策分析时自然就绞尽脑汁地进行有限资源投入产出最大化的计算，然后根据哪一种实现"资源价值最大化"的方案相对最优即做出管理决策的选择。

实际上，我们从最朴实的道理"天上不会掉馅饼"就可以推断："资源价值最大化"可能会存在最大化的风险，也就是我们通常理解的"福祸相依"！关键问题是基于现有管理学或经济学的思维，只能够在"资源"层面上分辨"祸"的成本。然而，现在许多企业频频发生类似这次中兴通讯的"祸"，即付出高昂的成本，可不是直接来自资源层面的巨额成本。

关于这个问题，已有的管理或经济思维因为仅聚焦在"资源"层面分析，当然很难甚至无法解答，唯有法商理论提出的"法商思维"才能够给予其合理的解释：在法商思维看来，企业追求"价值最大化"必须付出"资源成本"和"规则成本"；也就是说，"法商思维"强调任何管理或经济活动都是"资源+规则"的活动。因此，我多年前就提出：企业经营不仅要"整合资源"，而且还要"驾驭规则"。由此可以判断：中兴通讯在进行决策时有意无意在思维中降低或者忽略了"规则成本"的分析和决策，因此解决这个问题必须从"根"上治愈，也就是必须从单纯的"管理思维"转变为"法商思维"。

中兴通讯在进行决策时有意无意在思维中降低或者忽略了"规则成本"的分析和决策，因此解决这个问题必须从"根"上治愈，也就是必须从单纯的"管理思维"转变为"法商思维"。

"病根"之二：这是我们企业所掌握的战略架构存在的根本"缺陷"

现在企业所掌握和运用的战略，从理论上说，尽管有愿景或使命的引领，然而在实际的运行中都是在"盈利目标"的引导下进行的运作。为了实现盈利目标，企业必须要对相关的资源、业务、组织等进行战略安排。由于我对上述"病根"之一所揭示的单纯"管理思维"的决策隐患，使很多企业往往在进行资源、业务、组织安排时，必然有意无意忽略战略中"规则成本"对"盈利目标"的制约，或有意无意放弃了对"规则成本"进行谨慎的战略论证及安排。可以肯定地说："盈利"战略使我们今天的企业存在根本的"缺陷"。

说实话，我参加过多次企业战略论证，包括一些上市公司的战略论证，都是在资源层面对盈利战略进行论证，很少有主动把"规则成本"置入战略变量进行的战略论证。实际上，我们现在企业家及所谓管理专家、咨询师等所熟悉的战略理论和操作实践，几乎没有系统地架构"资源＋规则"的企业战略体系及能力。

关于企业战略存在的根本缺陷现在已经被法商理论所发现，基于此已经重新构建了适应今天大变革时代的"法商战略"分析体系，破译了企业不仅"盈利"而且"赢道"的密码。

如果结合中兴通讯的巨额赔偿的案例可以判断，当初该公司在美国市场的战略布局很大程度上是基于眼前"盈利"的目的追逐市场产品的竞争力，而不是基于"赢道"的战略布局追求在美国市场健康持续创造财富的发展。因为"盈利"的战略一定是通过"玩术"来占有市场，甚至敢于践踏任何规则的"术"来盈利，我们很多企业今天仍然在通过这样的"术"经营赚钱，中兴通讯的重大失误应该引起其他企业的警惕。

现在我们高兴地看到，中兴通讯将积极地进行变革。然而，

> 我们现在企业家及所谓管理专家、咨询师等所熟悉的战略理论和操作实践，几乎没有系统地架构"资源＋规则"的企业战略体系及能力。
>
> 今天大变革时代的"法商战略"分析体系，破译了企业不仅"盈利"而且"赢道"的密码。

如果从法商战略视角来分析，中兴通讯通过"制定了新的合规流程及重大人事调整"来进行的改革，实际上还没有真正进行"赢道"的变革。也就是说，"合规流程"或"人事调整"还仅是战略要素部分变量的改变，很难真正从"愿景与使命—资源安全—业务持续—组织创新"的战略格局上进行"赢道"的战略变革。

总之，我们今天所面临的"新经济"和"新常态"的变革，就是要使企业从"粗放经营"转向"文明经营"，而企业文明经营的核心是必须具备"玩规则"的新思维和新战略。基于我们现在的企业频繁地出现类似中兴通讯在"玩规则"方面的失误，我们真的需要"换思维、换模式、换结局"的全新法商管理体系。

> 企业文明经营的核心是必须具备"玩规则"的新思维和新战略。

本文摘自《法商架构师的兴起：案例分析》，经济管理出版社2017年版。

说三道四"融万乐"

孙选中

　　"融万乐"指孙宏斌的融创、王健林的万达和贾跃亭的乐视正在演绎的动辄数百亿元甚至上千亿元的并购重组大戏，近日，这场戏愈演愈烈，看得人们眼花缭乱并生疑问："他们这么多钱都从哪里来？"这样的追问不无道理。但是，我更关注和担心的是这种玩法是否"健康"和"持续"？

　　企业发展中的重大并购重组事件，对旁观者来说都颇具戏剧性的效果，但是对"剧中人"来说这可是生死攸关的战略选择。如果都是行业大咖参与其中进行演绎，则事关企业经营导向或产业发展选择乃至宏观经济的预期。因此，我认为"融万乐"的巨额资金来源值得大家关注，但是更应该关注这种具有导向性的并购模式的"健康持续问题"。

我认为"融万乐"的巨额资金来源值得大家关注，但是更应该关注这种具有导向性的并购模式的"健康持续问题"。

　　基于只能够对公开的信息"说三道四"，因此就"融万乐"的并购在此仅从法商思维的角度进行简要的"说三"和"道四"的法商透视：

　　说一："融万乐"是否"乌龙并购"？"融万乐"的并购重组似乎已板上钉钉，特别是资金层面的相互承诺已成定局，但是从公开信息中所能够看到的"权益安排"似乎很模糊。从各方的公开解释或阐述中,在哗哗的真金白银交易后面的"权"和"益"的安排是"合理"还是"合情"?实话说,在他们已公开的很多权益设计及他们力图自圆其说的解释中,可以隐隐地看到存在着影响企业生命健康的极大风险!

说二:"融万乐"是否"优劣互补"?企业并购重组的主要动机是要实现"优势互补",也就是并购各方把自己的优势资源拿出来去弥补其他需求方的劣势;而"优劣互补"则是参合了劣势资源,也可能导致优势不优、劣势更劣的结局。从今天很多企业并购失败的案例可以发现,并购各方或某方有意无意忽视了优劣资源是否存在互补效应而囫囵吞下,用海尔张瑞敏的话来说:"吃了不干净的鱼迟早是要闹肚子的!"

说三:"融万乐"是否"公司治理"?大家知道,融创、万达、乐视都是上市公司或公众公司,涉及如此巨额的资产运作和交易,作为一般的公司来说应该经过了严格的公司治理决策程序,更何况上市公司其公司治理应该更加严谨!"融万乐"这一并购事件能够引起社会这么高度的关注,除了资产交易额度巨大之外,更有可能是"太突然"了,如王健林向世人表达的宏愿还不到一年就变更了、孙宏斌对涉及天量的并购资产说买就买、贾跃亭作为乐视掌门人说走就走等。这些都使人不得不反思,这样的上市公司是"权威治理"还是"公司治理"?

以上简要"说三",接下来"道四",这里所谓"道四"应该从深层次的"道"中对企业经营之道和我国经济发展进行反思,并尝试提出解决之道:

道一:"融万乐"需要"健康诊断"。在以上三个方面对"融万乐"并购重组提出的问题,实质上是在对这三家企业围绕并购事件进行初步的运营风险检视:"乌龙并购"问题提示企业并购不能够仅强调资产的交易,更重要的是附着在资产交易中的"权

在他们已公开的很多权益设计及他们力图自圆其说的解释中,可以隐隐地看到存在着影响企业生命健康的极大风险!

这样的上市公司是"权威治理"还是"公司治理"?

益安排"；"优劣互补"问题提示各方注意这一并购在接下来的运作中如何避免"优势不优，劣势更劣"。"公司治理"问题提示企业决策者如何真正履行公司法和公司章程赋予决策者的权利。因为这三个方面的问题是基于公开的信息摘取出来的，仅此而言似乎已经显露出对这几家企业持续发展潜存的"健康病灶"，因此需要更深入和更全面的健康诊断以防患未然。

道二：企业经营之道需要"变轨"。随着"融万乐"并购重组的不断演化，相关的质疑声也不绝于耳，并且频频传出金融监管部门有重点地集中排查包括"融万乐"在内的中国大佬级企业的金融风险信息，这说明我们很多企业在运作资源的过程中可能逾越了某些"规则"！如果我们冷眼观察这些动向，特别是梳理今天企业经营模式的成败，可以看出：真正的"赢"家，不仅能够"整合资源"，还要游刃有余地"驾驭规则"。正如杰克·韦尔奇在总结其经营之道所撰写的《赢》一书中所指出的："赢是伟大的，企业争取赢的手段应该是光明正大的——应该很干净、遵守规则，这是先决条件。"因此，可以肯定地说：企业经营之道正在从"玩资源"转向管控"资源+规则"。

> 真正的"赢"家，不仅能够"整合资源"，还要游刃有余地"驾驭规则"。

道三：经济新常态需要"升级"。我国的改革开放正朝着全面深化纵深发展，经济新常态和新环境正在形成，过去行之有效的思维方式和游戏规则必将被新的思维方式和游戏规则取代，寻求"升级发展"对企业和政府同等重要。仅就"融万乐"并购重组来说，在"他们哪里来这么多钱"的疑问背后，也隐含着资源分配和权利使用是否存在社会公平的问题，以及如何实现"市场决定作用"与"政府重要作用"的均衡问题。如果说过去30多年的改革开放更多是围绕经济资源高效利用的"利益"改革，那么现在全面深化改革所要实现的"升级版"，应该是围绕如何有效推动"资源+规则"的"权益"改革。

> 如果说过去30多年的改革开放更多是围绕经济资源高效利用的"利益"改革，那么现在全面深化改革所要实现的"升级版"，应该是围绕如何有效推动"资源+规则"的"权益"改革。

道四：法商管理创新需要"普及"。我们今天已经走到大转折的十字路口，面向未来的发展，必须"换思维、换模式、换结局"。然而，今天我们企业所熟悉或信奉的管理更多只能是解决企业基本生存和成长的问题，如何实现新常态的"变轨"和"升级"？需要用超越传统管理的"法商管理"思维和模式来指导："所谓法商管理就是基于效率与公平的价值观和方法论进行有效的主体权益安排，以实现组织健康持续增长的目标。"以上基于效率和公平均衡、合理的权益安排、实现组织健康持续增长的"法商管理"核心思想，对"融万乐"并购重组典型案例的说三道四，希望能够为企业及政府提供新的分析视角和解决工具。

本文摘自《法商架构师的兴起：案例分析》，经济管理出版社2017年版。

网约车新政破解"深水区"改革密码

孙选中

国务院新闻办昨天①下午举行的新闻发布会正式发布了酝酿已久的出租车改革及网约车新政方案，终于使网约车的合法地位得以明确，由此引来一片点赞声，"这才是真改革"的评议一语中的！

如今我国全面深化改革已经步入"深水区"，碰到的都是"老大难""硬骨头"问题，这些问题既躲不过也绕不开，如何克服和解决这些问题？关键是能否把脉深水区这些问题的真正症结！从法商视角透视这次出租车改革和网约车新政，可以使我们破解深水区改革困难重重的诸多密码：

"深水区"改革的关键难点是"规则问题"。

其一，"深水区"改革的关键难点是"规则问题"

尽管我们用"浅水区"和"深水区"做比喻并反复强调我国改革已经进入"深水区"，但是我们很少直言不讳地指出"浅水区"与"深水区"到底有什么根本区别。事实表明，"浅水区"

① 编辑注：2016 年 7 月 28 日。

和"深水区"是两种不同的"玩法",如果从改革的角度来看,这两种玩法的根本区别就是不同的"游戏规则"。

在我国网约车出现后,最大的争议就是这种满足市场需求的打车方式是否"合法"?曾经有一种观点认为网约车不合法,应该取缔;另一种观点认为网约车能够满足打车的特定需求,尽管不合法但是合理。这一争议问题的症结就在于用什么样的"法定规则"来评判网约车这样的新生事物。如果我们用曾经管理出租车的管理办法来评判网约车,当然会得到"不合法"的结论,然而新生事物的出现往往就是要扬弃或者否定过去的"法定规则"!这次使网约车合法的新政,不是削足适履地改变网约车这一新生事物去适应过去的出租车管理规定,而是正视和引导网约车的市场创新去建立新的出租车和网约车规则,因此理所当然赢得了"真改革"赞叹!

事实上,"深水区"改革的关键难点不是简单地套用或修补"浅水区"的规则,而是能否勇于扬弃或打破旧规则,重建新规则!否则,在"深水区"去玩"浅水区"的规则是要"死人"的。

> 如果我们用曾经管理出租车的管理办法来评判网约车,当然会得到"不合法"的结论,然而新生事物的出现往往就是要扬弃或者否定过去的"法定规则"!

其二,"深水区"改革的核心问题是"主体权益"问题

在揭秘了"深水区"改革的关键难点是规则问题后,自然地就会提出规则调整的关系之"本"是什么的问题。我曾多次在论坛上提出:如果改革开放在前30多年更多围绕"主体利益"以解决生存问题为主题,那么现在以及未来将延续的几十年里我们的深化改革必然围绕"主体权益"以解放人的创造力为主题。今天诸多棘手的社会问题的源头不是简单的"利益"问题引发,而是深刻的"权益"问题所导致,利益和权益一字之差,但是问题的实质却根本不同。特别是在今天"互联网+"和"共享经济"的大背景下,不能够简单地把权益问题当作一般经济利益来处

> "深水区"改革的核心问题是"主体权益"问题。

理，需要清晰地认识到，今天所有规则的建设必须以对参与者的主体权益的高度尊重和有效整合为"本"！

网约车在我国的出现是典型的"互联网+"和"共享经济"的打车模式创新，但是随之而来的是如何规范管理这样的打车模式的各种争论层出不穷，同时也有个别城市或地方以规范管理为由限制甚至取消了网约车。这次出租车改革和网约车新政为什么能够力排众议明确网约车的合法地位？因为这项改革和新政把握了规范管理之本：重新调整各参与主体的"权益"！这样，既适应了"互联网+"和"共享经济"改变传统出租车管理的责权利，同时为各参与主体提供了发挥自身资源优势和满足社会差异化需求的机会。比如，划分了各级政府监管部门的职责，界定了网约车平台的责任，明确了提供网约车服务的人和车的条件，赋予了社会监督和维护良好市场秩序的各种权利，等等。

由此使我们从网约车新政中获得启示："深水区"改革的复杂因素说到底就是主体权益的重新安排，只要抱着积极的态度正视这个问题，经过公开公平、审慎大胆的改革，必然赢得社会的理解和认可！

"深水区"改革的决策是"效率与公平"问题。

其三，"深水区"改革的决策是"效率与公平"问题

深化改革难以拿捏的问题从根本上来看往往是效率与公平冲突的问题。今天我们全面深化改革的规则重建和权益安排的思维决策，既不能极端强调追求效率，也不能片面强调追求公平，而是应该全面推广和采用法商管理的思维决策。所谓"法商管理"，指的就是追求效率的经济价值观与方法论同追求公平的法治价值观与方法论有机结合，以实现"主体权益"均衡发展的管理过程。

曾经出现的打压网约车的呼喊是打着"不公平竞争"的旗幡，认为网约车有补贴，网约车不用上交份子钱等，殊不知这些

"不公平"的指责是脱离了客户的需求和利益，单纯从维护传统出租车的经营利益而片面地忽悠；相反，这正好是传统出租车管理封闭市场的"撒手锏"，其导致的是传统出租车市场效率下降、服务质量低劣并逐步成为特定利益群体的垄断领域。现在推出的网约车新政，从根本上否定了所谓"不公平竞争"的争议，因为只有考虑参与者各方的权益并充分发挥市场机制的作用才是真正的公平；同时，只有开放市场发挥共享经济整合资源的优势才能够最大限度地提高网约车服务的效率！

从我国建设和改革发展的历史来看，我们曾经有过以公平为由搞起了平均主义和大锅饭的低效率经历，也有过因极端的效率追求而导致的野蛮生长和生态失衡的"雾霾"侵蚀，这些都使我们付出了极大的代价。今天我们的深化改革再不能在效率和公平的两个极端点来回振荡，必须用法商思维驾驭效率与公平问题的决策，找到各参与主体权益均衡的结合点。

站在我国如何推进和突破"深水区"改革的战略角度来看，这次出租车改革和网约车新政的推出尽管是深化改革的个案，但是由此使我们触及并破译了"深水区"改革深层次问题的密码，出租车改革这个老大难问题能够通过"规则""权益""效率与公平"的创新思维加以突破和推进，我相信医疗、房地产、养老、教育、社会综合治理等这些"硬骨头"问题，也都可以逐一地被啃掉！

2016 年 7 月 29 日于凌晨

今天我们的深化改革再不能在效率和公平的两个极端点来回振荡，必须用法商思维驾驭效率与公平问题的决策，找到各参与主体权益均衡的结合点。

地方网约车新政折射改革尚未深入"主体权益"

孙选中

2016 年 7 月，国务院新闻办举行的新闻发布会正式发布了出租车改革及网约车新政方案，我就此写了一篇文章《网约车新政破解"深水区"改革密码》。在此文章里指出：如今我国全面深化改革已经步入"深水区"，碰到的都是"老大难""硬骨头"问题，这些问题既躲不过也绕不开，如何克服和解决这些问题？关键是能否把脉深水区改革的真正症结！今天看来，当时提出的破解"深水区"改革的几个关键问题，现在仍然困扰着网约车管理问题：

其一，深水区改革的关键难点是规则的"破旧立新"

在我国网约车出现后，最大的争议就是这种满足市场需求的打车方式是否"合法"？曾经有一种观点认为网约车不合法，应该取缔；另一种观点认为网约车能够满足打车的特定需求，尽管不合法但是合理。这一争议问题的症结就在于应该用什么样的"法定规则"来评判网约车这样的新生事物？如果我们用曾经管理出租车的管理办法来评判网约车，当然会得到"不合法"的结论，然而新生事物的出现往往就是要扬弃或者否定过去的"法定规则"！国务院 2016 年 7 月发布的网约车新政不是削足适履地改变网约车这一新生事物去适应过去的出租车管理规定，而是正视和引导网约车的市场创新去建立新的出租车和网约车规则，所以当时赢得了"真改革"赞叹！

但是国务院发布的新政仅仅是一种原则性的指导方案，具体实施细则是根据不同城市的具体情况出台相应的执行方案。紧接着北京、上海等城市出台了实施细则，从 2017 年 4 月开始都将陆续实施。近来各方都对这些实施细则产生质疑或担忧，主要源于这些城市几乎都制定了诸多限制性的措施。为了加强网约车管理而出台限制性措施是无可厚非的，但是许多城市几乎都推出了"户籍限制"的条款，并且都对为什么要采用户籍限制从安全、管理等方面进行了说明。这些说明尽管振振有词，但是其产生的网约车供需失衡导致的打车不方便、价格提高等可能使网约车的发展陷入困境。

户籍限制是我们计划时代社会管理和资源分配的撒手锏，今天祭出用于在市场机制起决定作用甚至共享经济逐步形成的社会转型时期，尽管是在网约车的管理中的应用，但是这给人们带来的改革预期很难与"真改革"相匹配！事实上，"户籍限制"的规则已经成为我们深化改革的"拦路虎"，接下来涉及民生问题的如教育、医疗、税收等都可能因为户籍限制而止步于过去的管理，这样怎么进行全面深化改革？

> "户籍限制"的规则已经成为我们深化改革的"拦路虎"。

其二，深水区改革的核心问题是参与各方"主体权益"的合理安排

关于什么是深水区改革的核心问题，我曾多次在论坛上提出：如果改革开放在前 30 多年更多是围绕"主体利益"的改革，也就是主要以解决生存问题为主题；那么，现在以及将延续的几

> 深水区改革的核心问题是参与各方"主体权益"的合理安排。

十年我们的深化改革必然围绕"主体权益"的改革，将主要以解放人的创造力为主题。

今天诸多棘手的社会问题的源头不是简单的"利益"问题引发，而是深刻的"权益"问题所导致，利益和权益一字之差，但是问题的实质却根本不同。特别是在今天"互联网+"和"共享经济"的大背景下，不能够简单地把权益问题当作一般经济利益来处理，需要清晰地认识到，今天所有规则的建设必须以对参与者的主体权益的高度尊重和有效整合为"本"！

但是，在我们很多城市主管部门出台的网约车实施细则中，似乎还是更多考虑的是"利益"问题，比如车型、轴距、车牌属地等客观条件的限制，这些限制性措施更多都是涉及网约车经营的"利益"问题。而恰恰是这些客观因素的限制，也极大地限制了参与网约车服务的提供者和消费者的"权益"！因为这些客观限制，使很多有能力提供服务的网约车司机"无权"提供服务，同样使很多能够接受服务的消费者"无权"选择服务！

尽管这仅仅是不同地方政府对网约车的实施细则制定出的方案，但是由此可以看出，我们很多政策的制定者和决策者的改革思维还是停留在对"利益"的改革问题上，而不是全面深化改革必须触及的对"权益"的改革决策和合理安排，实际上，不进行主体权益的改革，那么全面深化改革也就只是一句空话！

其三，深水区改革的决策必须坚持"效率与公平均衡"

深化改革难以拿捏的问题从根本上来看往往是效率与公平冲突的问题。今天我们全面深化改革的规则重建和权益安排的思维决策，既不能极端强调追求效率，也不能片面强调追求公平，而是应该全面推广和采用法商管理的思维决策。所谓"法商管理"，指的就是追求效率的经济价值观与方法论同追求公平的法治价值观与方法论有机结合，以实现"主体权益"均衡发展的管理

今天诸多棘手的社会问题的源头不是简单的"利益"问题引发，而是深刻的"权益"问题所导致，利益和权益一字之差，但是问题的实质却根本不同。

深水区改革的决策必须坚持"效率与公平均衡"。

过程。

现在许多地方出台的网约车实施细则，更多考虑的是主管部门的管理"效率"问题，比如户籍限制、车型选择、车牌属地等都是以规范管理为由而推出的监管措施，殊不知这些措施很多都是以牺牲参与者的"公平"权益为代价的片面管理效率的安排。事实上，网约车的核心价值就是给使用者带来方便和安全的服务，而上述的种种措施偏向于监管部门在管理过程中的"方便和安全"。也就是说，一系列的限制性措施使主要的管理部门在网约车管理中更加方便和有效了，但是用户在使用过程中却增加了成本、牺牲了方便。

"效率与公平均衡"是深化改革的决策必须坚持的原则：一方面这是保证一项决策既要有效又要使人们能够自觉地践行；另一方面这是对一项决策或政策的文明程度和持续性的检验。可以肯定地说，如果失去了效率与公平的均衡，任何政策或规则都是很难持续下去的。

如果失去了效率与公平的均衡，任何政策或规则都是很难持续下去的。

本文摘自《财经》2017 年第 8 期。

需从法商管理入手提高直销社会形象

摘要： "以前我们是对资源的管理和整合，现在不仅要整合资源，更重要的是要整合规则。"

对于直销发展的研究，我想从两个视角来谈一些思考，一个是管理的视角，另一个是法律的视角，也就是从法商管理的角度。今天我们是谈直销企业的社会形象和地位，其实我认为要改变它的社会形象和地位，在根本上是与法商管理紧密联系的。

因为直销企业在国内的形象实际上是与它的不规范相关联的，它的社会地位没被认可，它真正的法律地位现在还存在问题。虽然我们已经颁布了《直销管理条例》，但是在法人资格以及法人权利方面有些问题值得探讨。有些话题我不深入去解剖了。

我们今天是谈直销行业的形象和社会地位，其实中国所有企业都面临这个问题。特别是在国际化进程中，它的社会形象和地位也有待于进一步重新认识。

当然，我今天还是回到这个主题，把法商管理这个概念和我们的直销企业加以结合。为什么我们要提法商管理这个概念？现

虽然我们已经颁布了《直销管理条例》，但是在法人资格以及法人权利方面有些问题值得探讨。

在中国整个的社会环境在转型，一方面从计划经济转向市场经济；另一方面我们的管理是从经验管理转向科学管理，因为中国传统的管理更多还是靠经验，虽然我们今天进行各种管理学科的学习，实际上我们管理企业很大程度上是依靠经验。我们的经济活动从本土经济向全球经济进行转变，特别是我国加入 WTO 之后。最重要的还有一点，以前我们是对资源的管理和整合，现在不仅要整合资源，更重要的是要整合规则。这是我们现在所有企业面临的一个亟待解决的问题。

今天我们面临市场经济，要求我们实行科学管理，这必然给我们提出一个挑战，就是怎么实行从计划经济向市场经济、从经验管理向科学管理、从本土经济向全球经济、从整合资源向整合规则的转变。我们要转变现在的管理方式，而在这个转变过程当中有一个很重要的内在能力和意识，就是法和商结合的能力和意识。因为中国的企业绝大部分是从经验管理发展起来的，我们现在一下就进入全球经济、世界经济，我们还缺乏用规则、标准去提高企业管理的效果这样一种能力。所以我说所有的企业都面临着这样一个问题。

直销企业从美国开始，是适应市场背景而产生的一种企业，其产生时就是法商管理非常严谨的一种企业。而它到了中国又回到了一种经验管理的状态，所以往往容易出问题。

直销模式变革了经济学的一个基本原理，就是递减原则。直销企业直销网络越大，它的效益就越高，因为增加一个直销员，企业不增加固定成本，而直销员本人因为增加一层销售所以也得到收益。这和我们传统经济学原理所谓的递减原理是不相符的。所以直销企业的链条越长，网络越大，直销企业的效益也就越高，而且所有的直销员也有效益。直销过程要靠内在的机制、规则来约束。直销员面对市场也有相应的权利，怎么去用好这种权利？直销企业一开始就是在市场经济里面产生的，所以应该是市

> 以前我们是对资源的管理和整合，现在不仅要整合资源，更重要的是要整合规则。

> 直销模式变革了经济学的一个基本原理，就是递减原则。

场规律与法制法规相结合的一种管理，我把这种整合的管理叫做法商管理。

新的管理背景的变化给直销企业提出一种新的挑战。这个挑战是什么？传统企业善于组织管理，现代企业强调公司治理，组织管理和公司治理可不是完全等同的概念。传统企业善于资源管理，但今天我们在市场经济背景下，更多还是做契约管理。传统企业竞争市场，但今天更主要的是要把控标准，甚至是制定标准。传统企业讲的是商业风险，今天我们看，任何经营里面都有法律风险。很多企业犯错误，就是忽略了法律风险，因为任何一个项目都要涉及相关的法律规定，你一旦忽略，当你的企业做到一定程度可能就会碰到法律问题。

中国现在的企业实事求是地说，很多经营者不缺乏经营智慧，缺乏的是把经营的智慧和法律的规则、能力相结合这样一种素质。直销企业也面临这个问题。我们会看到直销企业各种经营关系需要重新梳理，现在国内有些直销企业还是只善于传统的管理，不善于法商管理，其实直销企业在内部治理方面的管理应该是非常严格的，特别是契约管理。

另外，还存在直销企业标准的设定和对标准的坚持、把握的这种能力，以及直销企业的法律风险，其实直销企业的法律风险是非常大的。我曾经在一个会上讲到，为什么现在大家都搞直销，因为直销效益好，但是你们没考虑过，其实搞直销的风险非常大。我们说上帝是公平的，给了你这么好的经营方式，就要你承担由此带来的巨大风险。最简单地说，直销企业不通过中间环节，其实通过中间环节你的利益在减少，同时风险也在减少。但是你现在把中间环节全取消了，你直接面对最终用户，就没有中间环节为你分担风险，你的风险应该是最大的。一旦出问题，直接影响到企业自身，所以这个问题我们需要重视。

法商管理对直销企业提出了新的要求。其实我们现在的管理，

传统企业善于组织管理，现代企业强调公司治理，组织管理和公司治理可不是完全等同的概念。

很多经营者不缺乏经营智慧，缺乏的是把经营的智慧和法律的规则、能力相结合这样一种素质。

为什么现在大家都搞直销，因为直销效益好，但是你们没考虑过，其实搞直销的风险非常大。

也就是传统的管理更多传授的是商学的知识。现在我们做任何管理只有商学知识是不行的，要结合相关的法学知识。另外，传统管理注重的是效率思维，我们都追求经济效益如何最好，但是实际上现在我们做企业都知道，还需要有公平的思维。为什么内地很多企业家的公益心不如我国香港甚至不如国外，其实里面根深蒂固的是公平意识。所以像国外有些企业做到一定程度，一定要很自觉地把它的资源贡献出来，因为它在这个世上短短几十年，获得了这么好的效益应该让大家分享。这是来自内在的，而不是辟邪免灾的那种状态，它有一种公平，应该让大家去享受。公平思维就是法学思维，所以法商结合，就是效率思维、公平思维结合，体现商业文化与法律文化、经商智慧与法治智慧的结合。现在这个结合，对直销企业管理者的挑战越来越大。我们现在很多直销企业，比如培训的时候更多就讲商学知识，怎么使他获得高效益，怎么进行经商之道，缺乏对直销员乃至员工的法律法规知识的培训。

最后谈一下教育问题。教育是传道、解惑、授业。我们看一下传统的商业教育，我们传的是商道，解的是商经，培养的是商人。如果用法商管理的概念，其实商道与法治是结合的，你的任何商经、经营秘诀只要用法镜一照就会发现里面有问题。国外都给我们一个评价，中国人只能做商人，不能做组织化经营者，因为这种组织化经营者能力是不存在的。所以他们认为我们是商人，因为我们传统教育培养的就是商人。今天我们要做的是商人和法人结合的这样一种人。直销企业也同样存在这个问题。直销企业不能仅仅在商道、商经、商人方面去培养我们的员工和直销员，而是要培养他们成为懂得法律的商人。

资料来源：中华直销网，2011 年 12 月 9 日。
本文摘自《法商管理的兴起》，经济管理出版社 2013 年版。

直销企业不能仅仅在商道、商经、商人方面去培养我们的员工和直销员，而是要培养他们成为懂得法律的商人。

打造具有中国特色的
"法商管理 MBA"

　　摘要：在法商管理理念中，商业思维是既要效益最大化，又不破坏商业环境，实际上就是让市场中的利益群体具备一种法的意识。中国的法商管理就是把传统的经验管理和市场经济的现代管理结合起来。

　　MBA 教育在中国发展的 20 年中，国内各个商学院都在探索适合中国的 MBA 教育发展之路，同时又具有商学院本身特色的MBA 教育。中国政法大学依托学校的法学优势资源，提出了"法商管理复合型 MBA"的创新培养模式。我们请到了中国政法大学商学院院长孙选中教授，来为我们解读中国政法大学 MBA 教育的相关问题及"法商管理 MBA"。

　　MBA 中国网：作为国内法商管理教育的领军人物，首先想请孙院长谈一下法商结合在 MBA 教育中的重要性。

　　孙选中：法商管理是一个新概念。这个概念是十多年前提出的，在 1994 年中国政法大学设立工商管理专业时，我们就分析了国内培养工商管理人才的现状。综合院校注重于思想和理论研究的培养；理工科院校注重项目管理、技术、流程、作业管理的培养；资源管理、财务资源或是金融资源管理的培养，更多是在财经类院校。当时我们就已经对国内工商管理人才的培养特点有这样的认识。中国政法大学做工商管理时还是本科专业。我们就提出，未来中国一方面是要发展国际化，另一方面中国的企业顺应市场经济的发展，将从传统经验式管理真正进入现代管理。这时就可能有一种新的人才需求，因此就提出了法商相结合的一种复合型人才培养方案。我们在设立工商管理专业时，一方面依托中国政法大学的法学优势；另一方面适应人才需求，确立培养法商复合型人才，提出了法商结合的复合型人才培养目标。

20世纪90年代中期，市场经济刚刚开始，经过十几年的摸索，一方面企业遇到很多转型期问题，而这些问题并不囿于商业管理；另一方面就是企业国际化接轨问题，特别是中国加入WTO之后，国内企业有很多国际化的经营活动，与国际规则相关的很多问题接踵而来。我们发现我们遇到的问题不是单纯的商业管理问题，而是法商相结合的问题。例如，前一段时间的国美黄光裕事件其实就是一个典型的公司治理问题。因为它是从传统企业向现代企业转变，如何进行转型涉及的问题就是法商管理的问题。另外，现在有些企业在经营过程中存在不正当竞争，产生了很多的冲突，如360和QQ大战，这也是市场经济中出现的问题。包括最近又炒得很热的马云关于淘宝商城的调整，也不是单纯的商业管理问题，而是没有处理好如何制定和遵守市场运行规则与相互规范的关系。

我们现在缺乏这样几种技能：一是如何制定和把握规则；二是如何执行这种规则；三是这些规则随着市场经济环境变化和整个市场格局的变化，做出适时调整而达到相对平衡。我们虽然有一定的规则意识，但在制定和执行规则的时候，没有从一种公平

我们发现我们遇到的问题不是单纯的商业管理问题，而是法商相结合的问题。

我们现在缺乏这样几种技能：一是如何制定和把握规则；二是如何执行这种规则；三是这些规则随着市场经济环境变化和整个市场格局的变化，做出适时调整而达到相对平衡。

公正的角度去协调某种关系。比如淘宝的问题，它更多的是考虑自身。当然淘宝发展到一定程度时与加盟者的关系要在新的情况下做出调整，但是这种调整不是靠单纯商业管理就能够实现的，在这里面要有一种法学的精神、思想、方法，以及一种公正的规则。

在法商管理理念中，法的概念不是单纯的法条概念，法条是狭义的法律的概念。我们传统的商业思维是追求效益最大化，这是传统的商业规则。但到一定程度就会发现，如果只追求效益最大化就可能会破坏发展环境；而既要效益最大化，又不破坏商业环境，实际上就是让市场中的利益群体具备一种法的意识。因为法是追求公正、公平，如果有法的公平、公正在里面，就会知道如何处理这个相互关系。所以中国的企业家缺乏的不是商业经营的技能和经验，他们所缺乏的是以法为核心制定、把握和应用规则的智慧。只懂商业经营的技巧和能力是不够的，因为市场经济是法治经济，是讲规则、规范的经济。今天这个问题越来越突出，所以必须要进行法商管理。在未来中国企业的发展过程当中，我们更需要法商管理人才，这是市场经济所必需的。MBA是培养职业经理人而不是培养做学问的人，所以在MBA中最应该培养法商管理的理念。法商结合的人才培养模式，对现在乃至未来中国的发展都会有很重要的作用。这就是为什么我们坚持法商管理人才的培养。

MBA中国网：中国政法大学虽然获批MBA办学资格较晚，可是从第一届学生开始，我们就做了很多的努力和尝试，想请孙院长介绍一下法商管理课程在法大MBA教学中的开展情况。

孙选中：对于法商管理的探讨我们分为以下几个层面：第一，在我们的MBA培养计划中我们按照MBA教指委的要求，设有MBA的核心课程；同时结合法商管理的要求增加了与经营管理直接相关的法律模块的课程。就是在课程培养计划中，增加相关

> 中国的企业家缺乏的不是商业经营的技能和经验，他们所缺乏的是以法为核心制定、把握和应用规则的智慧。
>
> MBA是培养职业经理人而不是培养做学问的人，所以在MBA中最应该培养法商管理的理念。

的必须掌握的法律知识模块。

第二，我们开设了法商管理案例课，这也是法商管理的一个特色和亮点。法商管理案例课不同于传统的 MBA 案例分析课。在国内我们首开法商案例管理分析，邀请商学院和法学院的教授、律师事务所资深律师和合伙人、企业家参与课堂，从不同的角度解剖案例，进行商业管理分析和法律风险防范方面的分析。这样 MBA 学员的思路就打开了，大家共同从多重角度来探讨。这就是我们法商管理案例课凸显法商管理教育特点的重要侧面。比如一个投资项目的管理，按传统的商业管理我们要对它进行各种商业分析，比如投资回收率、盈亏平衡点、可能存在的商业风险等，这些是传统商业管理的分析方法。从法商管理的角度看，任何一个投资项目除了要进行商业分析外，还要进行相关的法律风险的分析，因为任何一个项目都会涉及相关的法律条款。法商管理课程让学员感到耳目一新，而且受到很大的启发。这种模式已经改变了我们传统的商业管理案例分析，是值得我们进一步完善和探讨的新领域。

法商管理案例课不同于传统的 MBA 案例分析课。

MBA 中国网：除了法商管理课程的设置外，我们今年也做了很多 MBA 学生的游学活动，我想了解一下，这样的活动对我们的学生有哪些帮助？除此之外，我们还做了哪些比较有意义的学生活动？

孙选中：MBA 是从工作实践岗位回到学校学习，他们有很好的经验、方法，所以 MBA 教育应该是开放性的。除了课堂学习之外，还希望他们在学习过程当中去接触一些其他的企业，进一步拓展思想，掌握更多的思维方法。因此，我们的培养计划将教学环节从课堂延伸至课外，通过游学，进入企业、深入基层，真正做到理论和实践的结合。今年我们在厦门和邯郸参观了戴尔公司和学员自己的企业——鹭达眼镜。针对这两家企业，我们在厦门展开了战略管理和组织行为学这两门课程的教学环节。一个是跨国公司，另一个是我们本土化的企业，我们与戴尔公司的市场和人力资源部门的高管进行深度访谈，我们的学员作为董事长把鹭达眼镜的战略发展、管理体制与大家做了深度交流，通过比较分析可以看到本土企业发展给我们的启示，以及国际化企业发展到一定阶段所遇到的问题。整个学习过程非常生动，学员感到收获很大，所以这样的游学活动我们以后要坚持。此外，我们还有境外的游学环节，到美国、澳大利亚、英国等进行学习交流，现在我们的境外游学活动也在逐步展开。

MBA 中国网：中国政法大学现在已经正式成为国际精英商学院协会 AACSB 的会员了，这是法大商学院走向国际化的重要里程碑。那法大在接下来的时间怎样定位其国际化的发展方向，又将会有怎样的举动？

孙选中：国际化发展是我们的战略目标，我们一直都比较关注商学院的国际化发展。下一步我们要通过开放式、国际化、多个性、创新型的方式，进一步推进政法大学的整体发展。在培养学生的过程中，我们很注重国际化方面的培养。中国政法大学 MBA 不仅具有法商管理的特色，还注重国际化素质的培养。通过教学环节、国际项目、国际交流，全方位塑造国际化人才。

我们一直按照 AACSB 颁布的一系列标准、规范和要求，建立了相应的学科、制定了相应的培养规划和管理规则，按照国际化商学院的标准来制定我们今天的发展战略和工作计划，实际就是以国际标准来要求自己。AACSB 对此表示认可，并授予法大商学院 AACSB 正式会员的资格。AACSB 的认证分为几个阶段，成为 AACSB 正式会员是首要的阶段，只有成为 AACSB 正式会员才可以参与 AACSB 的很多活动，才可以去分享获得 AACSB 认证的顶级商学院的经验和做法。AACSB 开办了很多师资培养、师资学术交流活动，这对我们师资的国际化培养也起了很重要的促进作用。我们的 MBA 国际班以及其他的国际化项目和国际游学活动，都是加强我们国际化培养的一些基本方式。

MBA 中国网：继 2010 年我们成功举办了中国法商管理论坛后，今年我们又要举办中国法商管理年会，举办此次会议的初衷和意义在哪里，请孙院长给我们介绍一下。

孙选中：法商管理在中国还是一个比较新的概念，但在国外，像美国就是在法制基础上生成的管理，它们本身就是市场经济，所以就是在法制社会背景下生长起来的管理思想和管理人才，法商自然就结合起来了。而在中国不同，市场经济本身包含一种法制基础，然而我们虽然进入了市场经济，但我们是从传统管理进入市场经济的法制环境中，因此我们的管理缺乏法制意识。中国的法商管理就是把传统的经验管理和市场经济的现代管理结合起来。中国现在是市场经济，我们就必须要用法商管理的现代管理方式进行我们的经济活动。所以在中国不仅必须要提法商管理，而且还要提得更响，要让大家真正地认识法商管理，了解法商管理和传统管理有哪些区别，并知道如何来进行法商管理。

法商管理对中国来说是一个新的管理时代，所以我们在中国法商管理高端论坛的主题是"开创法商管理的新时代"。而在这个新时代中我们会面临很多挑战，要想真正进入法商管理的新时代，首先，要认识到现在的经济活动时代背景发生了改变，就是要转变传统的观念，这对我们来说是一个挑战。

其次，现在的管理教育的学科性质也发生了改变，不再是传统的管理教育而是现代法商管理教育。法商管理开拓了一个新的培养模式，所以法商管理教育和传统的商业管理教育是不同的，我们面临着法商管理教育的一个新变化。

最后，法商管理在学科、知识方法、思维方式上与传统管理都不一样，所以可能会出现一种新的管理学派——法商管理学派。因此，我们要推进法商管理，就要从法商管理的时代背景、学科性质、教育模式、研究领域和法商管理的新的学派这五个方

法商管理在学科、知识方法、思维方式上与传统管理都不一样，所以可能会出现一种新的管理学派——法商管理学派。

面做一些探讨。虽然经过了十几年的探索但现在还不成熟，还要进一步地整合更多的人、更多的资源。所以我们举办了中国法商管理高端论坛，以引起社会的广泛关注和参与。在中国法商管理高端论坛上很多专家做了发言，大家纷纷表示法商管理确实是现在社会迫切需要的。

法商管理高端论坛是要引起社会的广泛关注和参与，来共同探索、推进它的发展。除此之外，我们还要对法商管理的理论问题、学术问题、学科问题进行深入的研究。所以我们计划以后每逢双年就举办法商管理高端论坛，逢单年就举办法商管理学术年会，今年 12 月我们会举办一个法商管理学术年会来探讨一些纯学术的问题。法商管理学术年会更多是从内涵中研究法商管理的学科特点、学术问题；法商管理高端论坛更多是外延的，整个社会的。所以我们通过学术年会和高端论坛两种形式进行互补，通过外延和内涵的结合，把法商管理这样一个学科、这样一个新的管理流派建立起来。

MBA 中国网：谢谢孙院长。

资料来源：MBA 中国网，2011 年 11 月 18 日。

本文摘自《法商管理的兴起》，经济管理出版社 2013 年版。

调整期中国拍卖企业的战略对策

摘要：2013 年 4 月 18 日，中国文物艺术品拍卖国际论坛在北京会议中心举行，在"调整期下拍卖行业的发展趋势及对策"环节，中国政法大学商学院院长孙选中就"调整期中国拍卖企业的战略对策"做主题演讲。国际化到底给我们的挑战是什么？我们老在说国际化，佳士得来了……

2013 年 4 月 18 日，中国文物艺术品拍卖国际论坛在北京会议中心举行，在"调整期下拍卖行业的发展趋势及对策"环节，中国政法大学商学院院长孙选中就"调整期中国拍卖企业的战略对策"做了如下主题演讲（根据记录整理）：

国际化给我们带来的挑战到底是什么？我们老在说国际化，佳士得来了、苏富比来了，现在问题不仅仅是这些企业来了，我们要更深入地看到国际化在本质上对我们最核心的挑战到底是什么？今天谈的所有问题归结起来，我认为国际化带给我们的挑战就是驾驭规则的挑战，也就是我们对规则的把握、运用或者我们建立规则的能力。说实话中国的企业是比较弱势的，我们很多行

国际化带给我们的挑战就是驾驭规则的挑战，也就是我们对规则的把握、运用或者我们建立规则的能力。

业是在人家规则下从事经营，这是很被动的。我们可以简单地概括为：佳士得走的是拍卖之"道"，我们很多企业玩的是"术"，所以我们很多企业不能持续发展，我们和它们比最终的胜者、赢家可能是它们，也许短时间我们玩术能起作用，但最后我们会发现可能玩规则、玩标准的人才能够笑到最后。

中国有精明灵活的智慧，但是缺乏或甚至没有驾驭规则标准的意识或能力，我们经常说老外"傻傻的"，其实你最后才发现，他把你控制住了，因为他相信做事都有一种规则，他先把规则做好了，虽然短时间内你认为你的聪明好像占便宜了，但是最后你占的便宜全部要吐出来。这就给我们提出一个问题，国际化的挑战，我们说中国开始转变发展方式了，改革开放我们走的是速度、规模、外延扩张，这样的红利已经没有了，现在转变为质量、内涵式发展，所以现在速度降下来，这一变外延扩张为内涵发展的根本转变是什么？实际是告诉我们更加用心地做事，要讲规则、要有规范、要有秩序。

所以认识中国现在的转型，不仅是 GDP 发展速度在降低，实际上是整个发展模式一定要转型。简单地说，就是过去行之有效的经营模式和方法，在今天和未来发展过程中几乎都不可能仍然再起到相同的作用，你必须转变自己驾轻就熟的经营思维和方式。

我们国家新的领导班子他们核心工作将做什么？实际上既给他们提出了最大的挑战，也可能提供了最大的机会。实际上，这个机会和挑战来自民心，民心到底偏向什么？偏向一种公正、公平的呼唤。所以，在我们国家领导班子里边，我们看到核心的领导人已提出新的治理思想，我们一定要注意这不是随口说的，他们强调"依法治国"，"把权力关进笼子里"，"中国未来道路必须走向一种规范的发展道路"等，实际上预示着转型是必然的结果，各行各业都面临挑战或危机。我在约 20 年以前的 1994 年就提出中国管理必须走向法商结合之道，也就是现在强调的法商管

佳士得走的是拍卖之"道"，我们很多企业玩的是"术"。

变外延扩张为内涵发展的根本转变是什么？实际是告诉我们更加用心地做事，要讲规则、要有规范、要有秩序。

理，因为我们过去更多是靠经验来管理的，而现在必须转变。我今天不展开讲，如果大家有兴趣可以查找我在这方面的观点和理论。

在这种背景下，让我们更多琢磨"道"的问题或者战略的问题，佳士得已经告诉我们他们怎么做拍卖。相比而言，我们更多关注的是作品或有作品的人，而他们主要做的是文化、是教育。这样做下去不愁没有市场，最重要的是他们所有的一切就是要做出佳士得品牌，有了这样的品牌不愁没有市场、不愁没有拍品、不愁没有竞买人。其实品牌是最重要的，我们经常讲企业核心竞争力，我们的核心竞争力是什么？大家可以说是技术特别是专利技术或者是特定产品、特定服务，它们都有可能成为核心竞争力要素，但是，我认为最核心的竞争力就是你们自己的品牌！为什么今天的企业都要做品牌？也许大家开始有了品牌意识，但是没有主动地更深入地理解，其实品牌才是最核心的竞争力，因为核心竞争力有三个评判标准：有价值、不易被抄袭模仿、要有持续竞争力。拿品牌来比较一下可以看到，品牌完全满足这三个评判条件。

实际上，专利不一定是核心竞争力，因为专利受保护是有年限的，但一旦有专利的技术出来，而现在模仿能力太强，现在世界上公认模仿最强的"能力"已经转移到中国。中国有"山寨"一词，这已经成为形容模仿能力的专有词，其实就是说中国模仿能力在世界上是最强的。所以，企业核心竞争力到底在哪里？回答是肯定的，那就是品牌！因为：第一是品牌有价值；第二是品牌永远受保护；第三是品牌能持续地创造更多的价值。佳士得现在又与中国某些商学院开始搞拍卖行业的 EMBA 了，他们已把拍卖向教育和文化进行更深层次的延伸，因为他们有这个品牌，所以我们要注意品牌才是我们战略的真正核心竞争力。

我认为，拍卖企业要做好品牌竞争并形成自己的核心竞争

> 品牌才是最核心的竞争力，因为核心竞争力有三个评判标准：有价值、不易被抄袭模仿、要有持续竞争力。拿品牌来比较一下可以看到，品牌完全满足这三个评判条件。

力，需要遵循以下法则：

一、经济法则

为什么做品牌？品牌有经济价值，所以要做品牌。品牌的经济价值首先体现在可以占有资源，因为有品牌必然能够会聚资源；其次还体现在它能够使资源有效使用和创造新的更多的价值。佳士得因为其品牌使其能够占用资源、有效使用资源、创新资源。我们把企业都放在这里，你有没有能力会聚更多更好的拍品？你有没有创新能力？同样就像我们的拍品一样，为什么不同企业组织的拍卖会，最后拍出的价格会不一样？因为企业品牌不一样，拍品价值议价空间就不一样。

二、竞争法则

我们做品牌是要提升竞争力，品牌竞争法则体现为：其一，差异性。实际上很多产品都是同质性的，比如拍品很多都是同质的，但通过不同品牌的企业来拍卖，最后市场效果是不一样的，所以你要做品牌就要做出独特性、差异性的竞争力来。这种差异性应该做到，只要人们一谈到这个方面的企业马上就想到是你的企业。其二，关联性。一个好的品牌自然能够建立稳定的、相关联的利益群体，就像我们进入品牌消费时代，自己都有对品牌的忠诚，当在利益群体中形成了这样的忠诚度，你的竞争力就体现出来了。

三、占有法则

我们往往说占有市场，其实真正占有市场最有效的首先是占有心灵，其次是占有情感，有了心理占有、情感占有，你当然就有市场占有。像佳士得、苏富比，只要在拍卖行业提起拍卖企业，人们马上就会想到它们，因为在人们心里已经有它们。当我

有了心理占有、情感占有，你当然就有市场占有。

们选择一种拍卖活动的时候，不管是竞买人还是其他市场主体，首先就会选择这样的品牌企业，因为影响他的行动情感已经被占有，有了这样的占有不愁没有市场占有。提醒一下中国做品牌的企业，不要只片面追求市场占有，只瞄准市场占有。我这里强调占有法则，是要告诉大家第一要做的应该是占有心理，佳士得的战略其实做的就是心理占有，做中国市场先做中国客户的心。

四、优势法则

好的品牌就有竞争优势，竞争优势怎么能够获得？实际上品牌形成的竞争优势，不仅要有品牌产品、品牌行为，还应该有品牌文化，也就是说品牌产品、品牌行为、品牌文化三位一体才构成品牌优势。因此，一个好的品牌首先是有品牌产品支撑它，其次是品牌行为，也就是整个良好的经营行为，最后是它的企业文化，当这种文化被普遍传播或被更多人接受时就形成了品牌文化。所以，应该通过这三个方面来树立你的品牌。然而，我们很多企业以为做品牌就是做广告、做宣传、做活动，虽然有一定的作用，但其实做品牌是一件很艰难的事情，需要通过经营行为和企业文化进行长期积淀，切忌搞所谓的"速成品牌"。

> 品牌产品、品牌行为、品牌文化三位一体才构成品牌优势。

比如，西式快餐麦当劳、肯德基，我们都相信他们是最干净的，但是，在他们的经营场所我们看不到他们明确告诉你他们所坚持的经营理念，而我们很多中式餐饮店为了向顾客保证"我用的是最干净、最原生态的材料"，往往都在店堂里贴出很多承诺，但是大家还是不相信。实际上像西式快餐也从来没有说我们是最干净的，他们是靠什么让人们相信他们是干净的？实际上是靠他们的行为！我们经常在王府井的麦当劳旗舰店看到，几乎每天都有几个服务生在擦玻璃门和玻璃窗，我曾经问过一些企业家或学员"他们在擦什么？"很多人回答都说他们在擦灰尘，我说真要是擦灰尘没有必要每天甚至时时刻刻都这样擦。实际上，他们是在擦每个过往行人的心！他们用行为告诉你"我爱干净"，但是他们从来没有明确地告诉你或者张贴在店堂里。所以我说我们要善于用行为来证明你做得怎么样，而不是仅仅靠说得多好听，也就是"行胜于言"。我们拍卖企业要有诚信，不是靠你说得多好，最主要是靠你的行为积淀。

五、经营法则

做品牌有三种境界：其一，经营资产，一般来说资产可以分为有形资产和无形资产，做品牌一定会使你的资产升值，其中增长最快的就是无形资产。其二，经营顾客，做品牌最重要的就是由经营资产到经营顾客，当然我们很多企业也知道应该经营顾客，也就是满足顾客需求并提供所需要的服务。然而，经营品牌的最高境界是什么？我们看到中国很多企业前期做得很好，突然之间企业出事，根本问题是企业决策者或创始人自己有问题，因此，品牌经营最高的境界就是经营好自己。所以，做品牌的第三种境界就是经营自己。一个企业品牌最核心的就是这个企业创始人、老板，是他的思想、品行等构成了他的品牌。比如说国美公司的黄光裕曾经很成功，实际上他是在经营资产层面上成功，当然在经营顾客的一定层面上他也有所成功，但是他在经营自己方面却是失败的。中国有很多这种企业。我们要注意经营品牌除了让资产升值、让顾客满意、让市场稳定，最重要的是要经营好自己，否则将前功尽弃，这也就是我所强调的经营法则，这是经营品牌最核心的原则。

> 我们要注意经营品牌除了让资产升值、让顾客满意、让市场稳定，最重要的是要经营好自己，否则将前功尽弃。

本文摘自雅昌艺术网专稿，2013年4月18日。

第三部分　相关解析

Other Analysis

点亮我们前进路上的"明灯"

　　我刚参加完 AACSB 在美国佛罗里达州坦帕市召开的"MBA 教育新选择"的国际论坛，此时正在飞往洛杉矶的飞机上（我们拟在洛杉矶与两所大学分别商谈和签约两个合作项目），我打开电脑，陷入深思，准备为本书作序。

　　说实话，这两天我已多次想要完成这一任务，但是，一方面我们十多年来关于法商管理的探索和实践的积累使我想说的话太多，另一方面这两天国际论坛又引发了我许多新的思考，所以一时还无从说起……突然，我头顶上的阅读灯熄灭了，没办法，我只有打开侧座顶上的阅读灯，一刹那我似乎思绪骤然聚焦，多日来为"序"写作寻觅的思路豁然明朗了：我们法商管理历程中最重要的工作就是要开启指导我们前进路上的"明灯"——凝练法商管理教育理念和目标！

　　一路走来尽管有坎坷和曲折，但是我们始终坚持探索并充满信心，除了有领导和共识之士的支持外，更因为我们有凝练的理念和明确的目标，这些理念和目标的形成过程也折射出了我们的探索和实践之路。

明确"法商结合"之理：回想起 1994 年我们为我校第一个经济管理类专业即工商管理专业设计培养计划时，曾提出了"我们应该做什么样的工商管理专业"的问题。为了回答这个问题，我们走访了北大、清华等高校，收集了许多高校工商管理专业的资料，廓清了综合类、理工类、财经类不同高校举办工商管理专业的特点和它们的优势。基于对"市场经济就是法制经济"的理解，特别是分析了市场经济对未来高层次管理人才的特殊需求，结合我校法学资源的优势，我们提出了我校工商管理专业的独特定位：培养"法商结合"的复合型管理人才，并以此确定了"法商结合"的培养计划，形成了"法商互动，知行合一"的培养理念。

开启"法商管理"之路：经历了十年左右"法商结合"人才培养的实践，2005 年我校迎接教育部的本科教育评估，我们又重新凝练了我们的培养理念，使其更加深邃和畅达："精商明法，敏思善行"。这一理念的确立使我们的学科特色和优势逐步形成，并极大地促进了我们的学科发展。特别是在 2009 年，我们以此理念为指导，以十多年法商教育的实践为基础，申请并获得了工商管理硕士（MBA）的试办权，基于 MBA 专业学位培养的契机，我们对法商教育从理念到目标进行了系统的梳理和建构。

由于 MBA 是培养专业性的管理人才，最适合法商复合型人才的培养和教育，也可以使我们十多年的法商教育尝试真正能够在专业研究生层面上得以展开和落实，但是我们在理念和目标上应该培养什么样的 MBA 管理人才？经过我们团队共同的思考和集思广益，大家达成了共识：培养法商管理 MBA！这就把曾经指导我们进行法商教育的"法商结合"的理念更具体、更准确地凝练为"法商管理"的理念。因为我们认为：在国际经营环境变化和我国企业发展方式发生变革的背景下，MBA 培养的专业管理人才，一定要能够适应现在及未来市场经济的深化发展和企业国际化经营的挑战，这种挑战最核心的问题就是企业如何把整合资源、创造价值的过程与整合规则、把控标准的能力有机结合！综观今天的成功经营者，真正能够驾驭这种变化和挑战的人才一定是具有"法商管理"意识、掌握和运用"法商管理"方法的管理者。同时，我们也对变革环境下的管理思想和管理实践进行了梳理，惊奇地发现管理时代正在发生从实践层面到意识和思想层面的转型，也就是从传统的经验管理到科学管理正在迎来法商管理！由此，我们以法商管理 MBA 为新的培养模式又迈上了尝试"开创法商管理新时代"的探索和实践之路。

深悟"法商智慧"之道：这几年我们以"开创法商管理新时代"为主题进行了法商管理 MBA 教育模式从实践到理论的全面探索，比如：我们开启了法商管理案例教学的新模式；我们开拓了法商管理交叉学科的新领域；我们构筑了法商管理学术论坛的新平台；我们出版了法商管理系列研究的新成果；等等。这些探索性工作使我们的法商管理实践在不断创新，使我们的法商管理方法在不断提炼，使我们的法商管理理念在不断升华……

如果我们蹒跚迈步之初提出的"法商结合"主要是在知识层面上确立了法商之理，那么我们在反思现代管理变革时凝练的"法商管理"主要是在方法层面上开创了法商之路，今天我们重新系统梳理"法商管理"的思想和实践则是在信仰层面深悟"法商智慧"之道！

我们从"法商结合"到"法商管理"再到"法商智慧"的境界升华过程映射出了我们勤于思索和勇于创新的发展轨迹。今天，我们清晰可见我们法商管理之路上已经点亮的"明灯"——我们的法商管理理念和目标：

法商管理的历史使命：开创法商管理新时代；
法商管理的培养目标：培养具有法商智慧的新时代管理者；
法商管理的教育理念：精商明法，敏思善行；

> 这种挑战最核心的问题就是企业如何把整合资源、创造价值的过程与整合规则、把控标准的能力有机结合！

> 从"法商结合"到"法商管理"再到"法商智慧"的境界升华过程映射出了我们勤于思索和勇于创新的发展轨迹。

法商管理的行动指南：特色、品位、价值；

法商管理的人才特征：讲政治、懂法律、有思想、善经营；

……

转眼间我们的飞机已抵达洛杉矶，但这仅仅是我们工作历程中的一个中间环节，难得这次飞行让我思绪飞扬和信念凝练。接下来，我们的工作仍将继续，我们的实践仍将出彩，我们的思想仍将升华，我们的创新仍将涌现，我们的道路仍将延伸……

感谢我们的团队，感谢大家的智慧，我们将坚守信念不断前行！

是为序。

孙选中

2013 年 6 月修订

本文摘自《法商管理的兴起》（序），经济管理出版社 2013 年版。

让法商管理智慧引领
中国企业国际化

摘要： 中国企业内外碰壁，法规意识淡薄成软肋。法商智慧是法商管理核心思想的升华，也是未来商业领袖、新企业家具备的一大特征。

市场经济和国际化催生法商管理智慧

《华闻周刊》： 我们了解到，中国政法大学商学院曾经被评选为中国 MBA 十大最具办学特色的商学院，那这个特色体现在哪些方面？

孙选中： 我想主要是我们独创了法商管理智慧的教育模式。中国政法大学的商学管理教育起步于 20 世纪 90 年代早期。当时中国刚刚启动有中国特色的社会主义市场经济改革建设，在这个背景下，中国政法大学启动了主要由我来承担的商学教育。在经过分析后，觉得中国政法大学需要发挥并突出自己的优势，需要侧重中国未来需要的法商结合的复合型管理人才的培养。我们培养出来的管理人才，不仅要掌握商业的管理知识和技巧，还要能够熟练掌握法律工具和思维方式，来解决管理中的问题。因此，我们明确地定位培养法商复合型人才。从 1995 年开始到最近几年，随着我们国际化程度越来越高，我发现，真正适应中国未来发展需要的更高端的人才，仅仅从事法商知识和法商管理人才的培养还远远不够，因此我在去年（2011 年）提出了法商智慧的概念。法商智慧涉及价值观、精神和意识等更高端层面的人才培养。从法商知识到法商管理，再到现在法商智慧，这三者相结合，就形成了一个基本完善的体系，才能培养出真正适应未来的国际化发展新趋势需要的人才。

《华闻周刊》：作为法商智慧的发现、创新和不断完善者，您觉得法商管理智慧如何在教学实践中体现出来呢？

孙选中：最近传统的商业管理 MBA、EMBA 教育都是案例教学，所使用的都是纯商业案例。而我们提出并实践的法商管理教学，充分意识到几乎所有的案例都隐含着法律规则方面的问题。特别是中国在转型和国际化进程中，企业或企业家遇到的很多问题，都不是纯商业管理问题，而是与规则和法律相关的问题。因此，我们独创了法商管理案例教学体系。我们创新的模式不仅解决理论问题，还解决实践操作难题。上课前让学员准备案例，然后在课堂上分析案例，参与的老师将不止一个，很多时候会有三四个老师从不同的角度分析案例。比如商学院的老师按照商学的角度分析，法学的老师从法律的角度分析，或是一位有丰富诉讼经验的律师从他自己的经验和案例的角度分析，同时很有可能会有一位有成功经验的企业家，从企业实战的角度分析案例，到最后，我还有可能将案例涉及的企业高管亲自请来分析该案例。整个过程就创造出一种全新的案例教学模式。通过这个系统的案例分析，不但能够掌握传统的商业经营的技巧和手段，还能充分把

> 法商智慧涉及价值观、精神和意识等更高端层面的人才培养。

> 中国在转型和国际化进程中，企业或企业家遇到的很多问题，都不是纯商业管理问题，而是与规则和法律相关的问题。

握法律法规等风险的防范方法和策略。于是就有了一个既能防范
商业风险，又能防范法律风险的完善方案。法律和规则的风险，
可以将一个企业一夜之间彻底摧垮。而商业风险在摧毁一个企业
的过程中通常是慢慢地不断积累释放的，有商业智慧的企业家能
够慢慢地规避这种风险。即使商业风险暴露了，也可以有多种办
法去化解规避，但法律风险往往一旦暴露，就可能导致无可挽回
的后果。其实，学习不是追求一种结论，而是开拓思维，需要从
多种角度来提供立体的思维拓展，从这些方面综合来看，法商管
理的思路和方法都是独到的。

> 法律和规则的
> 风险，可以将一个
> 企业一夜之间彻底
> 摧垮。

《华闻周刊》：能否具体地分析一下法商管理智慧的某一个
要素？

孙选中：比如说合同，这个企业管理过程中最常见的事物。
我们都知道，市场经济商业企业管理是通过竞争市场整合资源，
也就是通过一个个合同契约来整合资源。今天我们看来，整个市
场经济是基于契约精神的管理。既然是契约经济，所有的契约都
是合同性质的双方达成的法律约定。我们通过法商管理模式，要
教会学员全面把握合同契约的精神。我们会通过对不同类型的合
同案例进行分析，让学员对具体类型合同加以认识和把握。通过
学员的讨论，再加上我们教师的分析讲解，传授一系列实用的合
同管理的思路。而这个过程，从合同对象的寻找到谈判、草拟，
再到最后的合同签订，整个贯穿在企业管理过程中。这明显不是
一个纯商业管理，而是一个法和商相结合的管理过程。

法商管理智慧：商学教育中国创新元素

《华闻周刊》：我们在一系列的商学院采访中了解到，国际顶
级商学院纷纷引入中国元素来完善它们的管理教育体系。法商管

理智慧有没有引起国际知名商学院的关注呢？

孙选中：就我们现在的探索积累过程，逐渐引起国际最知名的商学院的关注。比如国际商学教育的领军院校哈佛商学院，以及有"小哈佛"之称的加拿大毅伟商学院，都密切关注我们的法商管理智慧教学理念。毅伟商学院作为全世界仅次于哈佛商学院的第二大商业管理案例的发行者和学术权威，也是全世界最大的亚洲及印度商业案例的发行者，于今年（2012 年）5 月和中国政法大学商学院签订了合作协议，将在明年联合推出完全按国际顶级商学院培养模式来进行的纯正的 EMBA 教育项目。这个合作项目将成为首个结合国际贸易中的商业实战所进行的纯案例教学课堂，将为中国的商界领导者们提供最纯正、顶级的案例教学环境，也将加强对有关国际法律框架的影响，为教学提供法商领域的具体案例。简要地说，就是培养具有全球视野和法商智慧的新时代领导者。这个合作本身就备受关注。因为毅伟商学院为中国各大商学院提供教学案例 20 多年来都没有这样的合作项目。如今和中国政法大学商学院接触了 3 年左右，就果断地和我们合作，我想正是看中了我们的法商管理智慧。今年（2012 年）7 月，哈佛商学院在研讨国际商学教育未来发展模式时，特别邀请我来研讨交流中国政法大学商学院的法商管理智慧。随后哈佛商学院的代表也专程来中国政法大学商学院考察法商管理智慧的教育模式。这种交流对话，显示国际顶级商学院对中国商学教育创新的密切关注。

中国企业内外碰壁，法规意识成软肋

《华闻周刊》：您强调了中国企业在国际化进程中的问题，就中国目前不少企业的经验或教训来看，比如华为和中兴等科技企业在国际化进程中面临的问题，再比如中国太阳能光伏产业在国际市场上遇到的困境，都是对国际商业规则不了解、不适应所产生的问题。是否意味着更多的中国企业急需熟练把握国际游戏规则的管理人才？

孙选中：这也正是我们强调法商管理智慧的重要原因。在国际化之后我们发现，中国的管理经营人才并不缺乏商业管理经营的技术和知识，华商的素质和能力、商业经营的智慧也受到世界的认可和肯定。但是，为什么中国企业在国际市场屡屡遭受挫折呢？我们发现他们的挫折并不是对中国企业商业智慧的否定，而是他们没有将商业智慧和国际的法规规则相结合，这一点正是中国企业的软肋，因为中国企业的传统发展模式是在高速大规模扩张过程中，利用政策或资源的机会，却忽略了对规则的遵守和制定。今天我们充分意识到，一方面是国际化规则的约束，另一方面是自身发展方式的转变，要求我们的企业家不能单纯依靠传统的管理智慧。这就需要一种理性的管理思路，回到规则上来，要利用、把握甚至参与建制规则。曾经有媒体记者问我，为什么我们提出的法商管理智慧在美国、英国等西方国家从来没有人提到过？我说，这些国家的发展历史经历了法制的建立完善过程，这些国家的企业就是在法制背景下成长起来的，它们已经接受了法制的观念。而我们中国的发展过程还缺乏一个较长时期的法制化过程，因此核心的国策就是依法治国。正因为我们缺乏这个过程，中国的管理理念就更有必要提出法商管理。

《华闻周刊》：能否列举一些具体的案例？

孙选中：法商管理并不是用规则约束企业的发展，而是通过对规则的理解和把握，避免不必要的经营风险。很多情况下，这种风险是非常致命的。比如，有一家在中国国内响当当的大型企业，在国际化进程中收购兼并了一家法国的企业。它们按照在国内进行并购的思路进行了充分的准备，包括考虑解雇原有员工然

中国企业的传统发展模式是在高速大规模扩张过程中，利用政策或资源的机会，却忽略了对规则的遵守和制定。

后按照新的企业要求重新聘用员工，为此需要对解雇员工进行经济补偿。该中国企业希望对兼并的企业施行这种在国内习以为常的方式，并且考虑到法国的劳动力成本高于中国，因此准备了高额的备用补偿资金。但是当这家中国企业完成企业员工解雇和重新招聘程序，正准备启动生产之际，却接到了法院的传票，而提起诉讼的正是被企业解雇的员工。为什么在获得高额的补偿金后还要起诉企业方呢？因为按照法国当地的法律，企业有权利按照企业原因解雇员工，但是如果还要在当地继续生产经营，招募员工，就必须先从已被解雇的员工中按照一定比例聘用，然后才能招聘其他员工。但是中国企业违反了这个在当地非常基本的法规后，一旦遭到起诉，就不是经济赔偿这么简单了。因为触犯了当地的法律，该中国企业在当地的社会信誉就受到了严重的损失。当地社会认为该中国企业是没有诚信、不遵守法律规则的。如此简单的一个法律问题，中国企业都不慎触犯，充分反映出中国企业在国际运营中缺乏规则意识的软肋。中国企业法制意识的薄弱，阻碍了我们的长足发展。

善用法商管理智慧参与制定游戏规则

《华闻周刊》：您从多方面分析了中国企业在国际化进程中的软肋。您认为中国企业如何才能在国际市场上提升话语权，防范未来的风险呢？

孙选中：通过刚才的分析，中国企业在国际市场上屡屡出现的问题，大多是在国际商业和贸易过程中的法律法规环节。我们提出的法商管理人才至少具有四个特征：讲政治、懂法律、有思想和善经营。从讲政治角度来分析，中国企业在国际化进程中无论在全世界的哪个国家营商，最首要的是要讲政治。任何一个国

> 我们提出的法商管理人才至少具有四个特征：讲政治、懂法律、有思想和善经营。

家的最高利益就是国家利益，尽管美国是一个市场经济国家，但是华为和中兴的遭遇恰恰说明了，一旦触动了一个国家的利益，这个国家就会用法律规则来制约外来企业。政治因素的直接体现就是法律。因此在讲政治的前提下，了解法律规则，避免盲目触犯。之后还需要有思想。因为我们培养的企业家不能仅仅是一个匠人或经理人，还应该是有创新意识的开拓者。因此在遵循国际游戏规则的前提下，还需要根据自己的需要，参与到游戏规则的制定过程中。我们中国企业在国际化进程中，不能仅仅看市场、看产品、看质量，一定要研究现在和未来将会遇到什么样的规则。比如华为和中兴，在国际市场上已经有非常领先的技术和地位，因此能够通过自身优势，在契约的签订方面提高话语权。我们的企业不能仅仅着眼市场，还应该在充分了解、熟练运用规则的同时，研究规则并改变调整制定一些规则。只有做到了这些，才能在国际化进程中，把握住变局，设置一个屏障，防范规避未来的风险。法商管理智慧正是要承担这个使命和责任。

资料来源：范慧勇、李佳南：《华闻周刊》，2012 年 11 月 23 日。
本文摘自《法商管理的兴起》，经济管理出版社 2013 年版。

经济新常态需要"法商架构师"①

——访中国政法大学法商管理研究中心主任孙选中教授

记者：我国经济面临新的转型，你提出企业经营要从单纯的商业管理转变为"法商管理"，为什么提出这样的转变？

孙选中：大家都已经认识到我国经济和社会发展正在转向"新常态"，在这种转型背景下，我们企业管理者曾经熟悉的行为方式、运行规则和价值理念都将随之发生根本改变，因为我们过去在经济改革"浅水区"的做法已经不能够简单运用于今天全面深化改革"深水区"的环境了，今天企业管理者的思维方式和经营模式必须转变。否则，必然使企业经营屡屡发生问题，甚至被新常态的游戏规则逐出市场。

记者：你提出现在的企业管理要转向"法商管理"，能否简单介绍法商管理的基本含义和特点？

孙选中：我想先从典型案例或一些数据来说明：例如，为什么阿里系的淘宝频繁出问题？因为淘宝当初的架构设计是"让天

---

① 这是 2016 年 12 月 27 日发表在人民网（山东频道）的采访，其中较为详细地阐释了"法商架构师"的基本内涵、思维方式及管理职能，权且当作本书的"代序"。

下没有难做的生意",从其理念的确立和经营模式上就可能有意无意地以追求"高效率交易"为宗旨,从而在开始的时候就可能放松或忽略对网络交易过程的诚信、公平的风险把控。后来淘宝暴露的很多不诚信或违规销售的问题都是由此而引发的,马云曾经推出"提高保证金制度",力图遏制这种现象,但是未能顺利实施。由此看到,要重新调整对淘宝的管控不仅要付出很高成本而且也是很艰难的。

再如,经调查统计我国绝大多数企业的寿命平均只有不到三年,其中很多短命企业的致命问题并不是资源、产品或市场问题,而是没有在各种参与者或利益相关者之间的"权益规则"方面进行合理安排,从而未能奠定其持续发展的经营架构。

> 很多短命企业的致命问题并不是资源、产品或市场问题,而是没有在各种参与者或利益相关者之间的"权益规则"方面进行合理安排,从而未能奠定其持续发展的经营架构。

这里列举的案例和数据说明我们熟悉的商业管理思维方式和理念已经暴露出很多问题,这些问题恰恰是"法商管理"能够解决的。所谓"法商管理"就是指基于效率与公平均衡的价值观和方法论进行有效的主体权益安排,以实现组织健康持续增长的目标。①

今天我们企业经营的很多问题都与单纯地追求"效益最大化"有关,如果用经济学的思维来看,效益最大化必然有可能带来"外部效应"最大化,这需要有相应的规则来调整,然而,我们传统管理在经营理念和模式中是很难做到"效率与公平均衡"发展的。

记者:如果要使企业转向法商管理,你认为应该怎样转变?

孙选中:我认为企业从传统的商业管理转向法商管理,企业

---

① 我曾经对法商管理进行如下定义:"所谓法商管理就是指经济价值观主导的'追求效率'的思维及方法同法治价值观主导的'追求公平'的思维及方法的有机结合,以实现主体权益均衡发展的管理过程。"将其与本书这里的定义比较,两者的核心内涵基本一致,但在本书定义中又强调了"组织健康持续增长的目标",因此本书的定义相对更完整地表达了"法商管理"的思想,应该是更准确的定义。在以后的理论研究和管理指导中,除非有特别说明外都采用本书的定义。

的高层管理者特别是决策的制定者要具备"法商架构师"的思维和能力。所谓"法商架构师"就是能够用法商管理思想及方法从战略高度和操作层面设计并驾驭企业运行过程的高层管理者。当然，企业也可以安排或设立"法商架构师"的岗位。

记者：你现在呼吁经济新常态需要"法商架构师"，你认为法商架构师的管理思维和能力与传统管理者有哪些区别？

孙选中："法商架构师"应该是通过法商管理系统学习并结合自己丰富的经营经验，使其管理理念和能力从传统管理升级到一个新的境界。在这里，我对法商架构师的界定有如下含义：

法商架构师的管理原点是从"主体权益均衡"出发进行经营战略和管理体系的设计，而传统管理往往是基于"效益最大化"作为其管理的原点。由此可以明显区分出两种管理导向：传统管理追求经济的"利益"，法商管理要实现主体的"权益"。从根本上来说，"法商"的内涵对应的就是"权益"，直白地说："法"主要强调的是"权"，"商"主要强调的是"益"，而"法商"则是强调"权益"。今天很多企业的经营困境，主要就是源于内部的权益安排或外部的权益分享如何进行合理架构，这是法商架构师超越传统管理者的主要职能。

记者：这样看来法商架构师从"权益"管理出发的确不同于传统经营管理的"效益最大化"，那么要具体改变过去的管理还应该怎么去变革？

孙选中：法商架构师除了管理的出发点要重新设置，还需要在决策思维和战略安排方面进行变革。

先谈谈法商架构师的决策思维问题，他是把曾经分离的"效率思维"与"公平思维"有机结合，而传统管理思维则是偏执于追求效益最大化的效率思维。事实上，我们今天不论是企业的经济活动还是政府的经济决策，在"效率与公平"如何实现均衡发展方面都存在值得反思的深刻问题；例如，今天恶劣环境的雾霾

所谓"法商架构师"就是能够用法商管理思想及方法从战略高度和操作层面设计并驾驭企业运行过程的高层管理者。

法商架构师的管理原点是从"主体权益均衡"出发进行经营战略和管理体系的设计，而传统管理往往是基于"效益最大化"作为其管理的原点。

是否与我们片面追求高效快速发展有关？反过来，我们曾经存在生产力低下或人员出工不出力是否与片面追求"平均分配"有关？总之，只要片面地追求效率或公平，甚至极端地使两者脱离而行，都会导致经济活动和社会发展失控，企业是这样、国家也同样是这样。

法商架构师就是要超越极端效率或片面公平的决策思维，直白地说，在决策思维中既要考虑高效地"赚钱"，同时要布局公平地"分钱"；要清晰地认识到赚钱是聚集财富，分钱是分担风险。

另外，再谈谈法商架构师的战略能力问题，这要求法商架构师既要能够"整合资源"，还要能够"驾驭规则"，而传统管理者的战略驾驭能力主要体现在运筹资源的层面上。今天不论是在理论上还是实践上，谈及战略管理能力一定是与整合资源的能力"对标"，也就是看谁能够获得或占有更多更好的资源，甚至导致不择手段地攫取稀缺资源。事实上，我们今天很多企业或管理者在资源层面上的运筹能力的确是"超凡脱俗"的，但是很多是"来也匆匆、去也匆匆"，究其原因，他们有意无意践踏或超越了相关"规则"。

可以说对企业带来最大风险的不完全是资源问题，而是运筹的规则问题。因此，在新常态背景下需要我们的管理者既要升级整合资源的能力，更要修炼驾驭规则的能力，也就是必须具备法商架构师的战略能力。

记者：这里从理论上谈了很多关于法商架构师的管理角色问题，能否简单总结一下？

孙选中：我非常感谢你的采访和提问。如果简单归纳一下，我认为上面提及的阿里系的淘宝、我国大多数企业的短命等问题，不同程度上已成为今天我们企业经营过程中的致命问题，其病根都与缺乏"法商管理"的思想和方法密切相关，也就是缺乏

> 只要片面地追求效率或公平，甚至极端地使两者脱离而行，都会导致经济活动和社会发展失控，企业是这样、国家也同样是这样。

> 在决策思维中既要考虑高效地"赚钱"，同时要布局公平地"分钱"。

"参与主体权益"的合理安排、"效率与公平均衡"的决策思维、"整合资源与驾驭规则"的战略能力。因此，今天企业面临新常态的必然选择就是用法商架构师的思维和能力去变革升级我们的管理理念及经营模式，以保证和实现企业健康持续创造财富。

2017 年 8 月 16 日

本文摘自《法商架构师的兴起：案例分析》（代序），经济管理出版社 2017 年版。

规则中"博弈",创新中发展

——专访中国政法大学商学院院长孙选中

"即使是世界顶尖商学院,也充满了危机感,也在寻求扩大自己优势的方法。"中国政法大学商学院院长孙选中告诉记者,"市场通过竞争的方式选拔和检验人才,必然会倒逼商学院改变传统教育模式。"

而"创新"也由此成为商学院发展过程中出现频率颇高的词汇。中国商学院虽然起步较晚,但是在应对竞争与挑战的过程中,它们似乎寻找到一条与众不同的发展之路——基于大学本身的学科优势和特色,开辟特色 MBA 项目,以满足市场多元化人才需求。

"办什么样的商学院?"

"我们要办什么样的商学院?市场需要什么样的人?"这是孙选中 1994 年来到中国政法大学开始筹备工商管理专业时,思考最多的问题。

经过调研,他发现高校现有的工商管理专业各具优势——综合类大学注重理论前沿研究，主要培养研究型人才；理工类大学培养项目管理、工程管理等技术管理型人才；财经类大学培养如财务、会计和保险等资源管理型人才。孙选中认为，"这些确实是未来市场经济需要的人才，但并不是我们的优势。"

究竟如何从自身优势着手？

"市场经济讲究规则，这个规则是指市场自身机制形成的规则。而未来市场一定需要能够把握规则、运用规则，甚至能够建立规则的人。"

"市场经济讲究规则，这个规则是指市场自身机制形成的规则。而未来市场一定需要能够把握规则、运用规则，甚至能够建立规则的人。"孙选中告诉记者，"一提到规则人们首先想到了法律，法律当然不等同于规则，但它是规则的重要组成部分，对市场起保护和促进作用。培养懂商业也懂规则的人才，既可满足未来市场需求，又可结合中国政法大学优势。因此，我们当时就将中国政法大学工商管理定位于培养法商复合型人才。"

法学应用方面的课程知识，第一次真正被注入工商管理专业。工商管理专业的学生分析和思考商业问题时，又多了一个新工具——规则意识和法律思考角度。

伴随着中国发展进程的加快，中国企业传统管理方式的弊端日渐凸显，转型已成必然。"为什么有那么多的反倾销事件？我们在争取自身利益的同时，也开始思考这一过程中哪些问题可以避免。我们已经加入了一个在规则上博弈的群体，企业家仅凭经验、感觉和胆识的管理方式显然不能完全适应新的环境。"孙选中说。

中国企业正从粗放、感性向集约、理性发展转变，规则意识也变得更加重要。中国政法大学商学院所探索的法商管理人才培养模式在十多年的发展过程中逐步成熟。2010年它正式开始招收第一批 MBA 学生，而就在这一年，全国开展 MBA 教育的院校已经达到上百所，这距离中国首批 MBA 培养院校获批招生（1991

年）已经过去了 19 年。

"没有固定解决方案"

"以前我们对一个项目进行可行性论证，往往只从论证盈亏平衡和项目产出比等商业变量考虑。其实，给企业带来风险的不仅有商业变量，还有规则变量。比如相关标准提高了，成本也会相应增加，这是以前论证模型中没有考虑的部分。"孙选中表示，"这就是法商管理，是它与传统管理不同的地方，它为人们注入新的思考角度——在管理过程中没有纯商业管理，处处是商业和规则的交互作用。"

为了能够让 MBA 学生深入了解法商管理的真正意义，并拥有解决实际问题的能力，中国政法大学商学院将法商管理案例引入教学之中。孙选中介绍，"MBA 有 10 多门世界通用的核心课程，我们首先将法商管理的理念融入这些核心课程之中。在教学过程中我们也发现，MBA 的教学案例几乎没有纯商业案例，都存在于特定的规则和背景下。而学生如果能吸取案例中的经验教训，还能提炼出相关规则和法律，这才是给予他们最大启发的教学模式。"

在法商管理案例分析课中，商业老师进行理论讲解的同时，法律一线导师也从案件诉讼过程中发现的实际问题角度进行分析。孙选中说："MBA 教学就是要引发学生多角度思考，提供更多解决问题的工具，而绝非给你固定的解决方案。"

没有固定的解决方案，该如何应对未来事业发展中的突发事件和复杂环境呢？同学之间的头脑风暴、师生之间的机智问答、同学与企业家的对话交流……解决实际问题的能力和具体办法就蕴藏在这每一次的思想碰撞中。

这也是 MBA 教育短时间内不会被免费的大规模网络公开课取代的原因之一。

MBA 教学就是要引发学生多角度思考，提供更多解决问题的工具，而绝非给你固定的解决方案。

"创新不是一个概念"

但挑战依然存在。"以知识灌输为主的传统教育方式，已经不能满足今天市场对于 MBA 人才的要求，商学院必须以方法传授和能力培养为主，而案例教学法、社会课堂、海外研学和企业实践等方式也在不断改进。"孙选中说。

创新创业能力、领导力和全球变通力（在不同文化间调整行为方式）……市场对人才的需求在变化，商学院的 MBA 课程设置也早已超越了通常意义下的管理技能。

并且时至今日，全国已经有 230 多所院校开展 MBA 教育，竞争越发激烈，同质化现象也日益明显。

"多元化的人才需求，不可能只有一个培养模式。"孙选中表示，"各个学校在把握市场需求和节奏的同时，还要结合自身优势，找准自我定位，并且有创新的做法。创新绝对不是一个概念。"

中国政法大学在探索法商管理的道路上不断摸索。"法"与"商"也从知识层面融合，到转变传统管理模式的实际应用，再到价值层面法商智慧的升级过程。孙选中坦言："企业家的天性就是创新和冒险，但如何不因规则本身而制约自身发展呢？这或许就是一种能够灵活应用的智慧。"

本土商学院能否培养出适应、管理和领导全球大范围下企业的人才？引发行业内更多的思考。"未来市场将发挥更大的主导作用，在规则中博弈，在创新中发展，这样的思维或将引领中国企业实现国际化到全球化的转变。"孙选中充满信心。

（北京《参考消息》记者　凌云）

本文摘自《参考消息》2014 年 3 月 20 日。

各个学校在把握市场需求和节奏的同时，还要结合自身优势，找准自我定位，并且有创新的做法。创新绝对不是一个概念。

在规则中博弈，在创新中发展，这样的思维或将引领中国企业实现国际化到全球化的转变。

经济新常态，民营企业应向法商管理转型

为探讨和解决民营企业发展的障碍，为民营企业在市场准入、融资贷款、投资经营等权益保护方面建言献策，2014年11月30日，中国民营企业权益保护峰会将在长沙召开。会上将签署民营企业权益保护《长沙宣言》，会后还将成立"中国民营企业权益保护研究中心"。

此次峰会由《潇湘晨报》与湖南天地人律师事务所、民主与法治社和湖南商学院法学会联合主办。中国政法大学商学院创始院长、法商管理思想创始人孙选中将在峰会上发表演讲。近日，孙选中接受了本报记者的专访。

一、谁先转变，谁就将在挑战中把握机遇

《潇湘晨报》： 当今我国商业发展的国内国际环境正发生着深刻的变化，市场经济、全球经济的转型，既为企业提供了机遇，也使企业增加了风险，迫使企业积极创新和转变管理方式。与此

同时，近年来，我国的许多企业也都危机频现，请您从法商管理的角度，剖析一下我国民营经济在当前的市场环境下，应当如何面对新的机遇与挑战？

孙选中：这得从我们的经济转型说起。用当前流行的话来说，就是我们现在处在一个经济社会"新常态"中，这意味着现在和以后我们的经营环境与过去相比都有着新的改变，这包括发展方式和发展模式的改变。过去，许多民营企业家主要是靠着经验、特定关系或资源来创造财富，由此取得了一定的成功。可以说，在特定的社会背景下这样的经营方式是可行的，但是今天这样的方式已经越来越不灵了。我们今天的转型，从某种意义上来说，正在从"野蛮生长"转变为"文明发展"，也就是其核心的发展理念、发展模式、发展方法与过去都不一样。

从国际发展趋势来看，中国现在正全面与国际社会接轨，因此，国内企业家无论在哪里，生产什么，都与国际企业存在竞争。从国际市场发展来看，发达的市场经济国家的企业家善于在规则前提下做事，或者说他们善于"玩规则"。而我国的很多民营企业家善于"玩聪明"，虽然短时间看具备一定的灵活性而抢占商机，然而在规则的制定、把握以及执行上却远远不如一些国外企业，所以我们看到，很多民营企业家通过所谓的"聪明"所创造的成就只是暂时的，由于他们不注重规则的运作或失去对规则的掌控，长期来看他们在国际竞争中往往会遭遇失败。我们也常常看到，国内的企业在国际市场中常常遭遇到反倾销起诉，虽然我们要据理力争并应诉，但是也说明我们不太重视规避规则带来的风险。

因此，我们当前遇到的挑战便是整个国际国内经营环境的转变，过去行之有效的经验和方式需要转变，我们都知道存在决定意识，现在存在的环境发生了变化，必然要求我们的理念、模式都必须得到转变，今后再也不能简单沿用过去和现在这一套，这

> 很多民营企业家通过所谓的"聪明"所创造的成就只是暂时的，由于他们不注重规则的运作或失去对规则的掌控，长期来看他们在国际竞争中往往会遭遇失败。

便是民营经济所遇到的挑战。至于机遇在哪里？可以说，谁把握了这个转变时机，谁最先转变，谁能够在新环境中审时度势，谁就能牢牢把握住这个机会。

《潇湘晨报》：民营企业认为自身的权益保护问题不容乐观，一般而言，民营企业权益受损的高发领域是哪几个？民营企业权益受损的主要原因是什么？

孙选中：最主要的问题在于在计划体制的背景下，资源配置的主导权都集中在政府手里，各项政策和优势资源都主要向国有企业倾斜。民营企业往往不能获得政府的选择，在政策上也不能得到相应的考虑和照顾，政府考虑更多的常常是以政府为主导地位的国有企业，这便是民营企业的权益受损或在竞争中处于弱势的源头。在很多领域的进入条件方面，与国有企业相比，民营企业被设置了更高门槛，甚至很多资源也常常被国有企业垄断，因此，这样的领域便成为了民营企业权益受损的高发领域。

另外，在规则和政策模糊的领域，许多执行部门和行政执行人在执行上有一定弹性，这种选择性执法也导致这些领域成为民营企业受损的高发领域。现在我们鼓动和发展的新产业和服务业上，有些与产业相关的法律和规则还不够明晰，那么在这样的模糊地带，民营企业利益也容易受损。因此党的十八届四中全会确立的依法治国重大决定提出建立机会公平、规则公平的经营环境，这对民营企业是重大利好，也有利于保障民营企业的利益。

> 在规则和政策模糊的领域，许多执行部门和行政执行人在执行上有一定弹性，这种选择性执法也导致这些领域成为民营企业受损的高发领域。

二、法商理念既追求效益也追求公平

《潇湘晨报》：您提出了"法商理念"，关于法商，很多人将法商与情商、智商、财商作为一种概念来理解，您作为"法商理念"的开创者，能否为我们解释一下法商理念？其核心思想是什么？

孙选中： 不能将法商与情商、智商都作为一种概念来理解，法商指的是我们的一种思维方式，是我们实施管理或办事的特定模式，因此法商的概念并不是与情商、智商等完全等同。广义的法是指规则，这里的商则指的是商业活动，法商管理就是指法律规则的价值观和方法论与商业活动的价值观和方法论相互作用以实现组织的目标的管理过程。

需要强调的是商业活动所追求的目标是效益最大化、投资收益最大化，而法律则是讲究公平、均衡、稳定。在我们传统的经营决策中，往往把这两种价值观和方法论分离开来，要么片面追求效益最大化，要么片面追求公平，这两种极端的思维都会导致产生问题。因为从理论上来说，片面追求效益最大化可能导致走极端，这样容易积聚大量矛盾，并且难以持续发展下去。反过来说，过于强调所谓公平规则，又容易导致保守或停滞不前，这又将违背商业的创新价值观和进取行为。当年"大锅饭"便是这样的例子。因此，我们应当保证法与商二者相结合，要同时兼顾考虑，避免片面性。

实际上，法商理念就是要回归到人的本源和组织的本源上来，既要追求效率也要追求公平。公平和效益是相辅相成的，人们既要有开拓创新精神，不断创新，又要把创造出的价值进行分享，体现公平。只有效率和公平有机结合才能使一个组织安全和持续地保持竞争力。

《潇湘晨报》： 法商管理大体系中有一个分支叫法商风险管理，结合本次论坛的主题，从法商风险管理角度出发和纯粹从法律角度出发，您认为最主要的区别在哪儿呢？

孙选中： 我提出"法商风险"的概念，这不同于我们熟悉的商业风险和法律风险。以前我们只提商业风险，讲究投入产出、

边注：

不能将法商与情商、智商都作为一种概念来理解，法商指的是我们的一种思维方式，是我们实施管理或办事的特定模式。

法商理念就是要回归到人的本源和组织的本源上来，既要追求效率也要追求公平。公平和效益是相辅相成的，人们既要有开拓创新精神，不断创新，又要把创造出的价值进行分享，体现公平。

盈亏平衡点在哪里，只考虑商业变化因素，而法律风险只关注相关部门出台的法律规定或行为规则，这可以明确哪些可以做哪些不可以做。而法商风险则是两者的结合，从数学角度来说，就是商业变量和规则变量的结合，这是在非线性空间的变化模型，是多变量的曲线变化。法商风险远比单纯的商业风险和法律风险复杂，对企业家而言既要不断创新，又不能突破红线，要智慧地掌握这两类变量变化的"度"，也就是既不能只单纯地看经济变量问题，也不能片面地考虑规则的约束，我把这样游刃有余把控两类变量的动态变化的智慧称作"法商智慧"。

> 法商风险则是两者的结合，从数学角度来说，就是商业变量和规则变量的结合，这是在非线性空间的变化模型，是多变量的曲线变化。

三、企业应该把"找政府"转变为"找市场"

《潇湘晨报》：在很长一段时期内，我国的民营企业都处于一种粗放式发展的状态，法商管理算是非常新颖的一个概念，目前来看，具体实施难免会存在一些起点上的难度，为开好法商管理的头，您认为民营企业家在什么问题上是最有效或者最能上手的呢？

孙选中：在市场经济的背景下，民营企业家在初期往往是凭借自己的特定资源或关系、特殊的政策而发展的。但企业发展到今天，我们可以看到，仅仅有这些还不够，国际国内发展的形势要求企业家转变发展模式或文明发展，要求他们在过去的基础上，对管理流程机制、管理制度进行重新梳理和设定。如果规则制定和设定得不好，那么发展得越快和越大就越有危机。比如我们可以看到许多民营企业在股权设置上是模糊的，往往是凭借着一腔热血就开始干，如果现在不进行规范和合理改善，矛盾和危机总有一天会爆发。还有企业还在采取"摸着石头过河"的经营模式，而今的环境已经进入"深水区"，必须要摸清规则和暗流，因此，企业家应该在这方面赶快进行梳理，以便走得更远、做得更好。

还有一个问题是经营过程需要注意的，往往处于弱势的民营企业家最有利的方式就是找政府或建立与个别官员的关系，但是今天他们一定要看到在现在整个转型环境下的诸多风险。目前政府官员出事很多，一旦出事都会带出大批企业家。因此，企业应当把找关系转变为找准市场，要与市场接轨，应该把更多的时间和资源转移到维护利益共同体、上下游经销商和目标客户上来，而不是只盯着官员。

《潇湘晨报》：党的十八届四中全会首次将"依法治国"作为全会主题，决定全面推进法治中国建设，在这一大背景下，您对法商智慧理念在民营企业中的普及有何期待？

孙选中：依法治国其实在邓小平时代就提出过，网上有一种说法，依法治国在当时是一个名词，现在是一个动词，它将会落实在全面深化改革的行动中，渗透到我国工作的方方面面，因此，我们也应该在行动上按照法商管理的价值观和方法论做出正确的选择，也就是在法商理念的指导下进行管理。事实上，民营企业只要按照法商管理进行转型，他们将会真真切切感受到，各种行为规则并不是单纯约束人的，而是给予你权利。只要把握和运用好法商管理，一定会给你及企业带来安全性，并将促使企业持续发展从而获取最大的收益。因此，在依法治国的大背景下，法商管理将为民营企业持续安全地创造财富提供全新的思维和创新的管理模式。

各种行为规则并不是单纯约束人的，而是给予你权利。

本文摘自《潇湘晨报》2014 年 11 月 28 日。

企业家不懂法不讲政治会犯愚蠢错误

摘要：不能把职业经理人培养成匠人，他真正来学习是为学习一种思想，学习解决问题的方法，而这种思想和方法，不仅在商业领域适用，在其他领域也适用。市场经济最核心的其实是讲运行规则，所以我们的企业家，不仅要有商业智慧，还要有把握和运用规则这样一种能力。企业家在规则上犯的错误往往都是愚蠢的错误。

随着市场经济的逐步完善，中国市场规范化进程不断加快，中国与世界经济接轨和融合的程度也日益加深，市场对人才的需求提出更高的要求，不仅要精于运营，还要长于规则。拥有十五年法商管理培养经验的中国政法大学商学院，是国内法商管理培养模式的开创者和推动者。为何只有他们认为企业家、管理者更需具备独当一面的法商智慧？他们是如何理解商业规则的重要性的？管理教学出了什么问题？怎样看华为、中兴被美国政府排斥？MBA 到底在培养什么人？网易财经专访中国政法大学商学院院长孙选中。

中国企业家最缺"法商管理"智慧

网易财经：能否请您介绍一下法商结合具体是一个什么样的特色，普通人怎么去理解这个特色呢？

孙选中：当然，我们当时是在一个基本知识层面上提出的法商结合，我们的工商管理是法商复合型，实际上是知识复合，是把两类学科整合到一块来培养这种复合型人才。1994年做方案，1995年开始招生，我们在培养过程当中也在不断完善，不断进行思考、探索。进入21世纪，其实整个中国的那种国际化的环境，对我们的这种影响越来越大。

特别是我们现在也深刻地感悟到，中国传统的发展方式要转型，以前是速度、规模，现在要转向内涵式、质量的发展，所以在这个转变过程当中发现，其实我们还缺少把握这种新的发展环境和发展方式的一些理性的方法，所以后来就提出从法商知识结合转变为法商管理。

我们在管理过程当中，既要考虑到传统的商业规律对它的影响，更要考虑到相关的规则对我们管理的影响，实际上就不是简单的知识结合了，是一种管理思想和方法的结合，所以当时提出法商管理这两者的结合。

就是说作为一个管理者，他不仅要精通商业管理的一些基本的理论知识，还要掌握一定的法学的规则的思路和方法来进行这样的管理。但这种管理，其实是落实到我们的MBA培养上，因为MBA是一种应用型人才、专业化人才培养，所以我们提出MBA是最适合进行法商管理教育这样一种对象和群体。

现在我们又感悟到一种新的变化，因为国际化程度越来越高，还有我们发展的这个环境，应该说挑战性越来越大，不像原来我们好像怎么做都有机会来发展，所以我们想单纯有法商知识不行，单纯有法商管理的思路不行，其实最重要的是一种价值观、一种智慧的改变。

有了这种法商智慧，就能应对国际化这种不断的变化和我们现在面临的发展方式的一种大的转型，从法商知识到法商管理，再到现在法商智慧，这三者结合，我认为才是真正适应未来的国际化发展和中国以质量或者说以理性发展未来的一种新趋势。

网易财经：目前大众对于法商管理这个教学的接受度是怎样的呢？他们会愿意去上法商管理学这种，还是更愿意上一些综合性的 MBA？

孙选中：这几年中国政法大学的 MBA 招生是非常火爆，或者说是被申请人看好的，而且这个增加速度非常快。他们为什么申请呢？他们认为在经营过程当中，真正碰到的问题就是法和商结合的问题，传统教育脱离实际，没有给他们更多的法商结合这样一种方法和思想的教育，其实他们在商业方面经营的能力应该说是很强的。所以他们一看到法商管理，眼睛一亮，以前碰到的问题说不出来到底差什么，现在他们发现自己差的就是这个东西。就是他们自己的这种需求，包括这个企业的层面也是在逐年提升，很多都是董事长或者是 CEO、老板来参加学习。从这种发展趋势来看，这个认可度会越来越高。

另外，现在想与我们中国政法大学进行合作的也越来越多，毅伟商学院（Ivey），它也被叫做小哈佛，和我们 MBA 中心合作，签署一个合作协议，我们将在明年（2013 年）推出完全是按国际顶级商学院培养模式来进行的真正纯正的 EMBA 教育项目。当然这个项目是毅伟完全按照它们那个被叫做小哈佛的培养模式和我们共同来做。

网易财经：这个项目也会强调法商管理吗？

孙选中：除了我们传统的 EMBA 项目的核心课程之外，这个

> 单纯有法商知识不行，单纯有法商管理的思路不行，其实最重要的是一种价值观、一种智慧的改变。

项目是一个比较高端的项目，非常有特色，一个特色是绝对国际化的 EMBA 培养，另一个特色是法商管理的这种思想，因为我们专门就有法商智慧、法商领导力的一些特定的课程。

不能把职业经理人培养成匠人

网易财经：您希望您的学生到商学院来学到什么样的东西，您认为什么样的东西是最重要的？

孙选中：其实到商学院来学习的学生，国际上都有一个共识，它培养的就是我们说的职业经理人，以后很多人出去是从事商业活动的。但是对中国政法大学的 MBA 学员来说却不尽然，他们出去也不一定只从事商业活动，很多人也进入了政府，还有社会的其他组织。因为他真正来学习是为学习一种思想，学习解决问题的方法，而这种思想和方法，不仅在商业领域适用，在其他领域也适用，所以我们对未来的培养有一个独特的定位。

当然我们核心的定位是培养具有法商智慧的新时代管理者，就是满足国际化和发展方式转型这一新时代的人才需求。我们对 EMBA 的定位就是培养具有法商定位的新时代领导者，因为 EMBA 层次要高一些。这是我们培养的人才未来力图要和其他学校有所区别的。

我们培养的人才，他们以后不管是做商业管理还是做其他管理，我相信都具有差异化的能力，我反复强调的讲政治、懂法律、有思想、善经营，其实对他们要求是很高的，不是单纯去做匠人的那种职业经理人，而是要成为有思想的领导者，这也实际上是中国现在奇缺的人才。

> 我们核心的定位是培养具有法商智慧的新时代管理者，就是满足国际化和发展方式转型这一新时代的人才需求。
>
> 讲政治、懂法律、有思想、善经营，其实对他们要求是很高的，不是单纯去做匠人的那种职业经理人，而是要成为有思想的领导者。

企业家不懂法、不讲政治就是个
愚蠢的商人

从黄光裕案中，孙选中认为要吸取的教训是，企业家不能只懂经营之道，还需要讲政治、懂法律、有思想，做不到这些就只能算是个愚蠢的商人。对待职业经理人，家族企业管理者也应尽量处理好利益平衡的问题，否则只能给企业带来伤害。他还认为，中国虽然有《公司法》，也经常叫公司治理，但我们的公司基本都不是按照公司治理的机制在运行的。

网易财经：对。其实您说到这儿就让我想起，现在中国很多企业家可能做大到一定程度就会翻船、出事，就比如当年的黄光裕，还包括李纯途，这些都出了一些问题，您是怎么看待黄光裕这个事件的呢？

孙选中：因为国美这个案例是非常典型的，从他本人来说，我觉得他可能就没有做到我刚才讲的我们的人才特征：讲政治、懂法律、有思想、善经营。他是善经营的，但是他在讲政治、懂法律、有思想这些方面是有欠缺的，所以他个人犯的事，应该说是一些愚蠢的事情。我经常给一些学生讲，真正在法律上或者政治上出问题，几乎都是愚蠢的问题，所以黄光裕个人绝对犯的是一种愚蠢的错误，自认为自己很聪明，很有经营智慧，什么都敢挑战，所以触红线他也不在乎，但实际上今天不是那个时代了，必须要注意。

真正在法律上或者政治上出问题，几乎都是愚蠢的问题。

另外，剔除黄光裕个人因素，整个国美的组织机构其实也需要转型，因为它原来是家族式的管理方式或者股权结构。但实际上国美的发展，在中国，面临的就是从传统的经营怎么转变为现代的经营，怎么从家族式的管理方式转变到现在的公司制。

当然，陈晓这一方代表了一种职业经理人的思维方式和处事风格，从而形成了同传统经营方式的冲突。但是，我们不能简单地断定谁是谁非。其实从某种程度上说，转型过程中存在一个合作与对接的问题，就是我刚才说的传统的经营方式怎么和现代企业制度结合。如果这个合作对接不好，它就可能导致整个企业在转型过程当中面临矛盾、冲突，最后这种矛盾、冲突会给整个企业带来严重损失。

这个转变在发达的市场经济国家，比如说美国也出现过类似的情况，美国出现的有些还很严重，比如说福特汽车公司原来是美国最好的公司之一，但后来面临1929年的经济危机，受外在的因素影响，内部的因素大家可能忽略了，是福特自己内部也是传统家族企业和职业化管理导致的冲突。所以这使福特在20世纪20年代后期开始衰落，在衰落的过程中也明显地看到规范的公司运作和传统家族企业管理的冲突。当然后来在40年代中期有了一点改变，但是又没彻底改变，所以到60年代末70年代初，福特又开始衰落了。这次衰落暴露的核心问题还是职业经理人管理和家族企业管理的矛盾，内斗第二次把福特拉入了谷底，最后他们发现可能还得要转变。

所以在80年代福特就彻底转变成真正地按公司运作，按照这一套运行机制、治理机制来进行运作，虽然早先它也叫公司，但是它的运行机制不是这样的，因为在运行机制里面家族企业的力量太强。

网易财经：这个是企业做大的一个必经的过程。

孙选中：中国的企业，不仅是像国美（黄光裕）这样的家族企业，还包括国有企业，都面临真正用公司治理机制来运作企业的转变。我们现在很多国有企业也说它是公司，其实你真正去看它的运行机制，虽然表面上设立了公司治理结构，但是不是按照公司治理运作的。

> 转型过程中存在一个合作与对接的问题，就是我刚才说的传统的经营方式怎么和现代企业制度结合。

比如说杜邦公司，大家都知道它是典型的家族企业，但是它发展得很好，它平衡好了家族和职业化管理机制。杜邦虽然曾经是最大的家族企业，但是它比较早在公司运作过程当中淡化了传统的家族制，而强化了公司法的治理机制，而这个问题在中国特别严重。

中国虽然有《公司法》，我们也经常叫公司治理，但是不是按照公司治理的机制在运行，里面有很多人为的、主观的、家族的，甚至是来自于外在的一些权力因素在干扰。

对华为、中兴的抵制凸显了"讲政治"

孙选中认为美国对华为、中兴等公司的封杀，其背后就是保护自己的国家利益，这种做法看上去无可厚非，但实质上却是因为我们自己不懂得政治手腕，不具有应万变的法商智慧，不懂得如何去制定规则和运用规则。因为国际化经营、跨国贸易已不单单是一个纯商业的问题，它还是一个政治、法律的问题。

网易财经：您刚才是给大家介绍了一些由于中国经济发展以及转型所导致的案例，其实还有另一类案例，就是在中国企业"走出去"的过程中出现的问题，比如说华为、中兴，它们走到美国就被说成是危害国家安全。您会给这样的企业一些什么建议呢？

孙选中：这个问题是很典型，为什么我们的企业家要讲政治、懂法律、有思想、善经营，因为讲政治是一个很微妙的概念。任何一个市场它不是绝对完全开放的市场，政治因素的影响非常大。我们以为美国是一个完全的市场经济国家，而实际上，美国也是很讲政治的，任何一个国家的政府肯定都要保护它的国家利益。

所以我们要认识到，在国际化过程中要讲政治。对华为、中兴的排斥绝不是什么公司在起诉，实际上是美国政府授意，要保护国家利益。因为严格说来，华为、中兴在技术方面发展很快，在国际上的影响也非常大，而且进入了很多国家的市场。不管是从企业的角度，还是从社会的角度出发，美国感觉华为、中兴对它的国家利益可能要形成挑战。分析报告说这是技术问题，其实它是一个政治问题。

所以我们今天的企业家不要忘了，在一个国家做市场做到一定程度，就是我刚才说的，法律风险在哪里，如果我们事先有所预估的话就会避免一些问题。不要单纯地认为国际化经营或者贸易是一个纯商业问题，不是的，它也带有很多政治因素、法律因素。

你如果有法商智慧，那肯定在事先就要有一些分析和准备。大家经常说国有企业老在国外一些项目上吃亏，或者由于政局不稳定被套住等，其实都说明我们缺乏法商智慧，我们都把它看成一个单纯的商业问题。对外贸易国家，当它认为对它有利，可能不一定给你设置障碍；当它认为对它的利益有所损害的时候，它就要给你设置障碍。所以为什么美国以前不提这个问题，现在因为华为、中兴强大了，它感觉对它的国家利益带来了威胁，就开始拿这个说事儿，其实这个意识你深入下去，就是一个规则的问题，法商智慧的问题。

网易财经：其实刚才听您说的，您对于一个好企业家应该具备的素质，第一是要讲政治，第二是要懂法律。

孙选中：还要有思想、善经营，这是一个综合的素质。

网易财经：但是我们看到近期有一个案例，它非常善经营，比如说三大电商之战，您是怎么评价这个价格战的呢？

孙选中：从电商的这个角度严格说来，在我们电商管理这方面的规则是欠缺的，它还不像实体市场有一些管理规则。因为网络销售是一种新生事物，现在不要说我们国家，整个世界在电子商务、网络销售管理方面的规则都不健全，正因为存在着这样的一种空隙或者一种机会，所以刘强东他们就利用了这种灵活性和机会开始了这次所谓的价格战，但其背后还有什么因素，我们不知道。

我们暂且抛开这个对与错不谈，至少它忘了一点，消费者的消费行为有一种价值判断，就是根据他实际获得的价值来进行评判，你到底给我提供了什么样的产品，让我通过网络购买比在实体店更有价值的东西。

最后的结果是绝大部分消费者认为自己并没有从他们的价格战里面得到实惠的价值，而这样一种规则被忽略了。好像他们是在玩一个游戏，欺骗了消费者，最后他们失去了消费者的信赖。

> 消费者的消费行为有一种价值判断，就是根据他实际获得的价值来进行评判，你到底给我提供了什么样的产品，让我通过网络购买比在实体店更有价值的东西。

中国企业要学习 GE 与 IBM "有思想"

网易财经：您最欣赏的企业家是谁？

孙选中：对企业家和企业的判断，我的几个判断层次和现在广泛流行的不一样，我最欣赏的是领袖企业，具有领袖水平这样的企业，不仅给社会、给消费者带来最大利益的价值满足，而且它有思想，有鼓励人奋进的一种信仰。而这样的企业里面，企业家经常不是一两个，是慢慢积淀来的。

像我所谈到的这样的企业，做得好的、有这样水平的，当然是国外的多一些，特别是在美国有大家很熟悉的 GE、IBM、迪士尼，这些公司应该是我们要认真去学习的，它们不仅是在提供一种产品，满足人们的需求，而且引导着世界的企业。它们这种引导使企业有思想，有一种精神，有一种信仰，所以这是中国企业确确实实需要学习的。

> 具有领袖水平这样的企业，不仅给社会、给消费者带来最大利益的价值满足，而且它有思想，有鼓励人奋进的一种信仰。

网易财经：从事商学院教育那么多年，您认为您得到的最大收获是什么？

孙选中：我觉得教育带给我最大的愉快是不断学习，然后把我学习的思想与我的学生和我的对象进行交流。教育第一是教育自己，自己学习，你才有这样一种自信和这样一种责任感，把你的好的想法和大家交流、分享，我觉得这是最大的收获，逼迫我不断思考、不断学习。

资料来源：网易财经，2012 年 10 月 7 日。

本文摘自《法商管理的兴起》，经济管理出版社 2013 年版。

> 教育第一是教育自己，自己学习，你才有这样一种自信和这样一种责任感。

规则风险会让企业瞬间垮掉

摘要：很多资源的价值将由规则决定。中国企业家从来不缺商业智慧，缺的是法商智慧，只有在规则的舞台上才能精彩起舞。法商不等于"法"＋"商"，它是一种整合的价值体系。法是广义的概念，不是狭义的法律条文，广泛的行为规则规范以及文化习惯均在其概念范畴之中。

曾经的商业帝国可以一夕覆灭，如格林柯尔系、三鹿集团；曾经的首富可能突然锒铛入狱，如黄光裕。在全球化浪潮下，中国市场规范化进程不断加快，管理者们面临更高的要求，不仅要善于运营，还要长于规则。

"讲背景、懂潜规则、有资源、善公关，有些人信奉这四条，这非常危险。"中国政法大学商学院院长孙选中表示，国内外环境已经发生了巨大变化，"闯红线"带来的可能不是机会，而是致命的危险。

孙选中是国内法商管理培养模式的开创者和推动者，他研究唯有一种风险可以让企业瞬间垮掉，这就是规则风险。

大量案例发现，商业风险很多是可以规避的，唯有一种风险可以让企业瞬间垮掉，这就是规则风险。"企业商业风险的分析很成熟，规则变量的分析则缺乏，这一变量加进去后项目实施的可行性更强。"

在他看来，中国企业家从来不缺商业智慧，缺的是法商智慧，只有在规则的舞台上才能精彩起舞。

中国企业家不缺商业智慧，缺法商智慧

《南方都市报》：法商的概念很新鲜，该怎么理解呢？

孙选中：法商不等于"法"＋"商"，它是一种整合的价值体系。法是广义的概念，不是狭义的法律条文，广泛的行为规则规范以及文化习惯均在其概念范畴之中。

《南方都市报》：法商智慧在当前形势下具备怎样的现实意义？

孙选中：企业正面临管理模式的变革。传统管理更多注重商业智慧，运用并建立规则是企业欠缺的。企业管理往往停留在资源整合的层面，忽略了最重要的前提，即了解和掌握如何整合规则，需要强调的是很多资源的价值将由规则决定。我们经营环境内外多重因素正在改变，从外部看，全球化的浪潮席卷中国；从内部看，中国发展方式从外延式增长转向内涵式发展，要求有质量的增长。在这一潮流下，经营者们应更具理性，让个体行为更符合发展的规则。以往拼胆量、拼机会、拼人脉的所谓"秘诀"在慢慢地转变。在新的竞争机制下，必须掌握新的竞争策略，形成符合规范规则的意识，这其实就是法商管理的方式。

需要强调的是很多资源的价值将由规则决定。

投机式成长极其危险

《南方都市报》：规则和利益两者如何把握非常考验管理者的智慧和能力，现实中，拼胆量和人脉的大有人在。

孙选中：中国企业家不乏商业智慧，可是很多企业家发展到今天出事了。黄光裕的案例就引人深思，还有频发的食品安全问题，都是触犯了规则。很多企业过去凭胆量发展了起来，甚至"闯红线"，认为企业发展就是在"闯红线"中寻找机会，如果说原来是因为机制不健全还有机会，如今则情况改变了，一闯就容易出问题。

我们法商理念培养人才，提出"讲政治、懂法律、有思想、善经营"的方向，这与"讲背景、懂潜规则、有资源、善公关"等社会现象有关。的确，有些企业认可后者，也获得了一定成功，这四点也算是一定经验的总结。但是我们必须改变这种意识，投机心理和投机式成长非常危险。大家可以看到，一个官员的落马往往牵扯出一批企业老总，今日风光，明日锒铛入狱。

《南方都市报》：不少经营管理者在新生事物的崛起中找到了发展机会，崛起中的电商今年创造了营销神话，也受到了不少批评，您怎么看待电商的发展？

孙选中："双十一"是一种商业智慧做出的机会，创造了一个消费概念。但是，约束没有建立，也给投机者更多空间。在这个过程中，出现了只要能刺激购买，什么都敢做什么都敢说的现象。从商业智慧来讲，"双十一"的打造很好。从长远发展来看，如果不做好规则，企业看重短期效果，失去的将是更长久的市场。切记不要把"双十一"变成商家主导的游戏，否则，消费者会用脚投票。

从商业智慧来讲，"双十一"的打造很好。从长远发展来看，如果不做好规则，企业看重短期效果，失去的将是更长久的市场。

企业应讲政治、懂法律、有思想、善经营

《南方都市报》：您强调经营管理人才应该"讲政治、懂法律、有思想、善经营"，您把经营放在了最后，请您介绍一下这12个字的含义。

孙选中：我把经营放在最后，是因为很多企业家在"善经营"上已经做得很不错，出问题往往是因为前三条做得不好。"讲政治"是一个微妙的概念，要求企业在宏观背景下找准问题根源。前一段时间，华为、中兴的遭遇就是很典型的例子，它们给美国相关产业和技术发展带来了威胁，所以受到了抑制。任何一个国家的政府肯定要保护自己的利益，一切经济活动受影响最大的是政治因素。

懂法律的含义是懂规则、用规则以及改变或建立规则。中国企业在国际化市场很大程度上还没有改变规则和建立规则的话语权。最简单的例子，很多人认为老外很单纯，主要是因为他们认为一般的行为都是有规则的，我们国内的管理经营者们在与他们打交道时，可能会发挥自己的聪明才智做一些事，但是结果常常是单纯的老外更具有竞争优势，原因是规则是对方定的，我们的聪明才智往往就变成了小聪明。

企业做的不是单纯的商业，而是有思想的经营。思想有多高，才能走多远。如微软、苹果、IBM 等，它们的经营思想在影响我们的企业。很多人理解的中国创造局限在技术层面上，这不完全对，真正的中国创造应该是中国的经营思想被世界接受，我们的品牌战略也取决于我们品牌中的思想。

> 很多人理解的中国创造局限在技术层面上，这不完全对，真正的中国创造应该是中国的经营思想被世界接受，我们的品牌战略也取决于我们品牌中的思想。

资料来源：记者王海艳：《南方都市报》，2012 年 11 月 23 日，http：//epaper. oeeee. com/D/html/2012-11/23/content_1759018. htm。

本文摘自《法商管理的兴起》，经济管理出版社 2013 年版。

法商智慧有助于新管理的变革

摘要：法商定位、文化层次、经营境界互相关联。法商结合能改善经营行为从而产生成功企业；法商管理可改变制度和机制从而产生卓越企业；法商智慧将创造新的价值理念体系，将推动和培养中国的领袖企业。

2012 年 5 月 17 日，国内管理创新领域的顶级盛会——法商管理高端论坛在北京召开。结合当前经济环境以及企业实际需求，围绕三大关键词：法商智慧、协同创新、全球整合，进行了为期一天的激烈讨论和碰撞。以下为中国政法大学商学院院长孙选中演讲全文。

我简单做一个介绍，我们法商管理提出来之后，有一个特定的平台，就是法商管理高端论坛和法商管理学术年会，双年举办法商管理高端论坛，单年举办法商管理学术年会。今年是双年，所以是法商管理高端论坛。

我先回顾一下第一次 2010 年法商管理高端论坛上我曾经提出

关于法商管理 5 个问题的思考，就是表明我们中国政法大学在进行法商管理领域开拓过程当中，长期以来思考的一些问题。

关于在 2010 年法商管理高端论坛上提出的 5 个问题，在我们今天会议上有一个材料——《法商管理评论》，里面进行了详细的文字阐释，这里不再展开。

第二次是在 2011 年法商管理学术年会上对法商管理教育进行了梳理，今天我们法商管理教育大概形成我们的理念体系和教育的一些指导思想。

第一，提出法商管理要在管理领域承担一种使命，开创法商管理新时代，实际是用法商管理来拓展我们的管理领域。第二，确立我们的培养目标。法商管理培养什么样的人？我们的目标是培养具有法商智慧的新时代管理者，着重对中层管理培训。这个里面有很多概念可以展开，为什么叫新时代？我们的教育理念提炼了精商明法，敏思善行。我们围绕特色、品位、价值来体现法商管理的基本行为和形象表征。

我们提出法商管理人才的特点是讲政治、懂法律、有思想、善经营。赵老师说可以把有思想往前提，去年 MBA 院校一个交流会他安排我做介绍，他对这个很感兴趣。

这是去年和前年。今天我们又举办一届法商管理高端论坛，我们对法商管理还有什么新的思考？今天我们看到主题是法商智慧，法商智慧的内涵到底是什么？对我们的未来发展有什么样的作用？有了一个比较大的特点叫法商智慧的使命，我们不完全展开，围绕三个问题讲：法商定位、文化层次、经营境界，这几个问题都是我自己在思考和研究的一些问题。

关于法商定位，我们最早对法商的理解是法商结合，但严格说来法商结合的理解是停在知识层面，后来我们从管理角度进一步加以理解，这种理解是把商学的方法和法学方法结合，去从事我们新的管理，实际我们要提炼一种新的管理方法就是法商管理方法，这样有助于我们新管理的变革。

今天我们提的是法商智慧，法商智慧是在价值层面上形成一种新的睿智，真正地掌握法商的一种思路，体现一种价值观和一种精神。实际上我们对法商问题的理解是逐步提升的，从法商结合到法商管理再到法商智慧。在我们已出版的三本书里有本《我们在路上——法商管理实践》，在其序里我把它们内在的联系做了一下介绍。

我们定位在什么层面上？实际法商起的作用、导致的结果可能是有所不同的。这是第一个法商定位问题。

事实上我们最后是法商结合、法商管理、法商智慧的整合。要在知识层面、方法层面和智慧层面真正形成整体的法商这样的体系。事实上了解文化学、文化结构的人都知道，文化的问题从结构来看一般有三个层面。其中第一个层面是物态表现层面，所有的文化直接感受到的首先是物态表征层面，建筑给你文化的感觉是看到这个建筑漂亮，存在的形式很独特。真正文化支撑这样的一种表现行为和表征状态是内在结构和机制。如果我们从一个国家来看是制度，是一种结构来支撑这样一种表征状态。

文化最深层次或者最高境界是信念，是精神信仰层面。一个完整的文化由三个层面构成。我们的法商最后做出来的是一种独特的法商文化，对应三个层面。如果把法商知识、法商管理、法商智慧进一步诠释，我们看到的就是法商文化。最主要的是我们提倡这样一种新管理和思想是干什么？是要让它对我们未来管理特别是企业管理产生新的指导作用，在这里我提出思考了 5 年的问题，这个问题在一些讲座里讲到，有一些听者或者学者认为很有意思，我在做这方面的理论研究或者一种证实。

我在一些课上谈现在对企业分类的新认识，三个层次，其实我们现在看到很多企业，我们认为它们做得很好，仅仅是在成功

法商智慧是在价值层面上形成一种新的睿智，真正地掌握法商的一种思路，体现一种价值观和一种精神。

如果把法商知识、法商管理、法商智慧进一步诠释，我们看到的就是法商文化。

层面上，我把它们归纳为成功企业。成功企业的特点是什么？已经成为本行业成功的榜样，这种榜样是怎么产生的？更多因为经济上有了一个超越本行业平均水平的显赫绩效，我们认为它成功。现在认识很多企业仅仅是这样的一种企业，在成功企业之上应该是什么企业？美国有学者研究，他们提出叫卓越企业，我们现在追求卓越，卓越企业与成功企业的不同在哪儿？成功企业更多靠经济指标绩效评价，卓越企业不仅是经济上成功，而且要贡献文化，贡献思想，这样的企业往往产生的作用不是在本行业，而是跨行业，成了标杆，成了引领。卓越企业是不是到头了？有没有比卓越企业更高层次的企业？现在理论上没有任何人谈。我想可能会有，这就是我们提出的新概念——领袖企业。

谈到领袖，我们知道领袖的作用是跨时代的，是超时空的，我们衡量一下我们的企业有没有这样的领袖企业？答案是有的。不仅在本历史阶段，不仅在本国，而且是在整个历史过程中产生影响，并且它的影响是世界性的。就如同一个人类历史流逝过程中大家崇拜的领袖一样。所以领袖企业的指标又不一样，除了有经济上显赫的表现外，还要有文化的思想价值，最主要的是成了人们的一种信仰。一旦信仰产生，必然引发人们对它的崇拜。

这三类企业，成功企业是经济绩效，卓越企业是一种经济文化的引领，领袖企业就是人们对它的一种崇拜。其实大家看一下，现在人们崇拜的企业已经有了。微软是我们崇拜的，迪士尼、IBM 是我们崇拜的。这些企业的影响已经超越本时代，已经超越时空，成了超时空的企业。中国绝大部分企业只能是成功企业这个层面，我们有个别企业可能开始卓越，比如联想、万科，但仅仅是这个层面，中国现在没有领袖企业。苹果没有列入领袖企业，我认为苹果现在还处在卓越阶段。

虽然乔布斯成为偶像，但他的企业达不到领袖企业水平。最

> 领袖企业的指标又不一样，除了有经济上显赫的表现外，还要有文化的思想价值，最主要的是成了人们的一种信仰。

> 成功企业是经济绩效，卓越企业是一种经济文化的引领，领袖企业就是人们对它的一种崇拜。

后提个问题，中国未来企业做什么？现在大家说21世纪是中国世纪，中国要成为真正世界的世纪，最需要的是中国要产生领袖企业，没有领袖，没有思想，没有崇拜，怎么说21世纪是你的世纪。中国现在对世界影响仅仅停在数量、经济上，而不是精神、信仰、文化上。中国面临新的使命是要培养真正的中国的领袖企业。这里我们看到一个很对称的问题，我们法商结合确实能改善经营的行为，产生成功企业，我们法和商的知识结构会产生更多的成功企业。

如果法商管理方法进一步应用，改变制度，改变机制，我们有可能产生新的卓越企业。但是我们面临未来的更加繁重的任务和使命是什么？我们要用法商智慧去创造新的价值理念体系，去真正推动或者培养中国的领袖企业，这也就是我们从法商知识到法商管理再到法商智慧最后应该承担的使命。

借今天法商管理高端论坛，我们还有一个主题，就是我们今天嘉宾资料袋里有三本书，这三本书一方面奠定我们过去的研究基础，另一方面对我们未来开启一个新领域，成为一种引导，这三本书是集全院老师共同智慧，经过10多年积累和思考，特别是近几年能量集中到一定程度，开始对外释放的第一个成果。《法商管理评论》应该说在国内是第一本，带有更多学术性、理论性和研究性。

第二本《法商管理案例》是和毅伟商学院共同完成的，该书应该说不仅在国内，而且在世界上是以法商管理案例命名的第一本书。我们知道世界上有两大做全案例教育，而且用案例统治世界各商学院的，一个是哈佛的案例，另一个是毅伟的案例。今天毅伟和我们共同推出新的法商管理案例，将开启案例教学新篇章。

第三本是《法商管理实践》，记录了法商管理的历程、法商教育、法商的文化、法商的智慧，是一条漫长的道路，我们刚好

我们要用法商智慧去创造新的价值理念体系，去真正推动或者培养中国的领袖企业，这也就是我们从法商知识到法商管理再到法商智慧最后应该承担的使命。

上路。我们的未来道路还很漫长，还需要大家共同努力建构中国乃至于世界的法商文化、法商智慧这样的新体系。

我的演讲到此结束，谢谢！

资料来源：MBA 中国网，2012 年 5 月 17 日。

本文摘自《法商管理的兴起》，经济管理出版社 2013 年版。

关于"大学品牌"的法商管理学科思考

——在"品牌中国"论坛中的对话

滕斌圣：接下来我们请孙院长给我们评论一下外界对于教育产业化的一种批评，这种批评认为中国目前教育费用的上涨和中国教育的产业化密不可分，当然，这方面我们长江商学院可能也负有一定的责任，我们先请孙院长给我们评论一下这个问题。

孙选中：主持人给了我一个关于教育产业如何发展的严肃话题，但是这个话题一两句话可能很难说清，因为它是一个多因素导致的结果。可以先围绕我们教育的产业化与品牌化问题，就大学的发展这种关系进行梳理。

今天中国的高校产业化发展是比较快的，但是品牌化的发展与之相比差距太大。它不适应现代社会发展的需要，也不适应现代人才对大学的期待，更不适应在未来世界大学市场竞争过程中取得我们的优势。其原因我们可以归结为我们大学的品牌优势不突出，或者是我们的竞争力欠缺。说句不好听的话，我们现在有各类大学两千多所，但是我认为我们现在的大学有的只是"牌"，比例很少的大学才真正称得上"品牌大学"。为什么？因为我们缺乏最重要的内涵，那就是"品"。做品牌贵在做"品"。艾丰主

我们现在的大学有的只是"牌"，比例很少的大学才真正称得上"品牌大学"。为什么？因为我们缺乏最重要的内涵，那就是"品"。

席他今天有事提前离开会场了，我们一块儿在 1995 年就开始呼吁中国品牌发展之路的问题。今天这个主题我们把大学的品牌也纳入"品牌中国"，这是个很好的创意，最主要是要探讨怎么来创造中国大学的品牌。我想在"品"字上下工夫主要做好三个品。第一是品质，第二是品行，第三是品位。品质主要指的是大学教育的内涵，教育的质量，当然它涉及我们教师的品质，学科的品质，学生的品质。第二是品行，主要是指我们要有自己的教育行为和培养模式，我们应该有开放的教育理念，拥有独特的教育内容和教育方法的优势。第三是品位，主要是指大学的文化，大学的传统，大学的精神。

我们如果在品质、品行、品位这三个方面都做好了，那我认为我们才真正能够树立我们的品牌大学，而不是仅仅是有"牌"的大学。当然，谈到这一点我也想不妨结合我们自己的实践做一个交流，也感谢"品牌中国"论坛给我这个机会，在这儿给大家做一个分享和沟通。谈到中国政法大学，大家会认为法学是最优秀的，中国政法大学为什么要办商学院，大家就疑惑了，其实这就是我们在创造我们的独特发展之路，在打造我们的优势和竞争力。我们现在经过十几年的发展，应该说正在出现一种在商学院建设过程中独特的品牌，我们是围绕品质、品行、品位来做的。我不完全展开，简单地说，中国政法大学的商学院正在开拓一个独特的学科领域，在探索一种独特的培养模式，这个学科领域就是法商管理。今天社会的发展，特别是在国际化进程中我们会看到更多需要的是法商管理的人才。它也属于管理学的领域，但是把法和商的概念、理念、方法和工具运用于去做我们的管理，这是适应未来发展需要的非常好的一个学科和研究领域。但是我们现在应该说中国的发展过程在相关领域结合上可能还比较滞后，所以，我们正在建设法商管理的新的学科，同时，我们正在建立法商管理独特教学的这样一套计划和我们的培养模式。最简单地说，我们正在建设具有独特优势和特点的课程教学的方式和法商

在"品"字上下工夫主要做好三个品。第一是品质，第二是品行，第三是品位。

管理的案例库，现在包括加拿大毅伟商学院甚至哈佛商学院都有意向共同来开发法商管理案例。一般来说，我们现在了解的案例更多就是商学院中运用的商业案例，以及法学院的法律案例，而我们现在开拓的最重要的是法和商相互作用或交叉影响内在结合的案例，通过法和商的多视角分析才能开拓我们的思路，掌握更多的工具和方法。

探索这样一种新的学科的建设，推动一种新的培养模式逐步完善，我相信我们未来是会有品牌的。因为品牌就靠"三品"这样的一些要素来支撑，我们不能仅仅挂在嘴上。所以，我一直坚信要打造品牌必须是坚持独特优势通过实践做出来，做什么？就是坚持在我们的品质、品行和品位方面来开发。我们现在也提出一个更长远的目标，未来我们将在管理学科里塑造中国特色或者中国政法大学商学院特色的法商管理学派。我们现在有一个团队专门从学理性的角度对学科建设及其发展的基本条件进行实践探索，应该说已经取得了基本成果。在管理领域中可能也应该独创一个独特的学派——法商管理学派，它是不同于一般管理的。我相信这个学科的建设以及这种培养模式的完善将必然支撑起我们的大学品牌。我们经常说要走差异化道路，要有特色，什么是差异化，什么是特色？我想我们中国政法大学商学院正在结合我们的资源，我们的优势，在寻求我们的差异化，塑造我们的品牌。当然，话又说回来，如果这样一个品牌起来了，这样一种教育模式出来了，这样一种学科建设起来了，这样一种培养人的计划实现了，其价值增加也必然使价格随之调整，因为价格本身是价值的一种货币表现形式。可以这么说，当我们把这个品牌做起来之后，可能价格还会继续往上提升，因为我们这样的一种做法和这样的品牌本身具有不可替代的价值！

本文摘自"品牌中国"论坛对话，2010 年 8 月 9 日。

为什么 **90%** 的创业者会失败

孙选中

在中国整个创业环境发生变化的大背景下，创业者应该更多关注创业之道，遵守规则，理性创业，才能安全持续地创造财富。

创业，至少90%是不成功的。作为创业者，都希望自己是那成功的10%；作为投资人，都希望自己投资的就是那成功的10%。那么，为什么只有那10%的创业者能成功呢？

2014年最热门的投资人是孙正义，他在分享投资经验时讲过一句话，虽然很朴实，但值得我们深思：我在选择投资创业者时，只要求创业者把创业思想和方向讲清楚就可以了，并不希望创业者用很短的时间就把创业项目讲清楚。

其实孙正义选择投资就是在选择方向。一旦创业者将项目讲述得很清楚，其项目可能就没有不确定性。如果项目没有不确定性，还有什么投资价值呢？换句话说，只要创业者把方向选对了，投资价值反倒很大。

只要求创业者把创业思想和方向讲清楚就可以了，并不希望创业者用很短的时间就把创业项目讲清楚。

需懂"术"更要悟"道"

创业，既涉及术，更涉及道。但现在谈论创业，更多的人是在谈论创业之术。而孙正义选择的是有道的创业者。不论是投资者还是创业者，都应该考虑道的问题。

对创业者来说，有两种创业形式。一种是创业潮流已经形成，聪明的创业者不是简单地跳入潮流之中，而是从这股潮流中截流，或者引出支流，并找到截流的方式，找到支流。另一种则是创业者引领一个新的潮流，开辟一个新的领域，形成一个道。

创业不能只凭激情和直觉，更需要理性和道，要讲求规则，这一点在当前尤其值得高度重视。

政府的顶层设计已经开创了一个前所未有的创业新空间，但我们不能乐观地认为这一创业大潮对每个人都是机会。只有在创业大潮中悟道的人才有机会。

当前谈论创业，会出现一些频率较高的词汇，诸如"深水区""升级版""新常态"等，尽管是一些抽象概念，但这告诉我们，今天的创业环境和过去不一样了。在中国，今天和明天做事的方法及规则与昨天不一样了。这需要用法商管理的新模式来改变传统的创业模式。

在这一创业背景下，创业者一定要寻找新的规则和道。当下有的企业死在初创期，因为整合资源出了问题；有的死在成长期，因为规则出了问题。身在"深水区"，若创业者还在用"浅水区"的"摸着石头过河"的方法，那么一定会被淹死。

该怎样经过"深水区"呢？首先得摸清水系，要知道岸底。这就需要改变思路，从一开始就要去悟道，就要把方向搞明白。很多企业事先没把规则想明白，出了问题也不知道究竟是怎么回事。

今天和明天做事的方法及规则与昨天不一样了。这需要用法商管理的新模式来改变传统的创业模式。

讲风险比讲赚钱更重要

对创业者来说，当前最大的问题是规则所带来的风险。马云是中国最具代表性的成功创业者，但他也出现过问题。3年多前，马云要推行保证金制度，把一些欺骗消费者的不法商家、投机者清理出去。这一想法很好，但一宣布，大家就不干了，到后来发生了淘宝网"十月围城"事件。

马云这么聪明的人为什么会碰到这种问题？他最初让大家在淘宝商城免费开店，后来又要改变初期的规则。在市场经济时代，规则的变化不是马云单方面所能决定的，他必须要和商家商量。在这次事件中，马云犯了一个简单的错误，他忘记了市场经济是讲契约精神的。

遗憾的是，许多企业家还是仅凭经验做事，忘了商业环境的变化。如果企业家不重视规则和道，可能会遭受巨大损失。比如小米，雷军确实把小米经营得很好，但现在雷军在海外摊上了事：在印度遭到爱立信的侵权起诉，发布空气净化器又遭到日本公司的侵权起诉。

今天的创业不能走一步看一步，凭感觉创业，而首先要把方向和风险同时想明白。只有有风险，投资人才愿意投。风险对应的是机会，克服风险就是机会。

许多人讲其项目如何赚钱、如何盈利，其实讲风险比讲赚钱、讲盈利更重要。当创业者把风险讲清楚以后，实际上就摸清了一种规则。

> 当创业者把风险讲清楚以后，实际上就摸清了一种规则。

谁会成为那成功的10%

以前我们常提"创造财富"这个说法，而我则提倡"安全持续地创造财富"。有太多创业者喜欢用安全标准去衡量他们的财富，这其实是不安全的。若用持续的标准去衡量，他们的财富并不能持续。今天的中国，创业之道在改变，需要用一种新的思路来寻找创业机会，重构创业模式。

创业的大环境变了，可还是有很多人在玩"术"而不是"道"。中国许多企业其实还处于"野蛮生长"状态，但实际上它们更需要的是"理性文明发展"，这就涉及把握和运用规则的问题了。

中国加入 WTO 后，大批企业开始进入国际市场，但迎接中国企业的不是利润，而是其他国家的反倾销起诉。如果这些官司只有一两次，那还正常，可每次中国企业进入国际市场而且业绩很好，马上就面临反倾销起诉，这就有问题了。问题就在于中国企业忽略了企业发展所需遵循的规则，即企业之道。

中国企业需要把握规则，在规则中博弈，理性创业。可能有人认为规则是用来打破的，但"破"和"立"其实是相辅相成的。在自然界和社会领域，有些规则是可以"破"的，但要把握"破"的程度；有些规则不能"破"，"破"的成本太高。对创业者来说，一定不能只凭感觉创业，应走上理性创业的道路，即要找准方向，有价值观，有愿景。拥有这些素质，领悟了创业之道的创业者就是那成功了的 10%。

> 在自然界和社会领域，有些规则是可以"破"的，但要把握"破"的程度；有些规则不能"破"，"破"的成本太高。

当初马云向孙正义要投资的时候，马云讲了很多话，但孙正义只记住了一句："让天下没有难做的生意。"孙正义认为马云找到的方向一定是对的，生意越来越简单。孙正义发现了这一方向，他投资马云实际上是在投资方向。

本文摘自《经济观察月刊：支点》2015 年第 2 期。